Bent Hansen

Was Sie über NLP wissen sollten!

Wissenschaftliche Wurzeln des Neuro-Linguistischen Programmierens

Erkenntnistheorie, Metatheorie und strategische Intervention

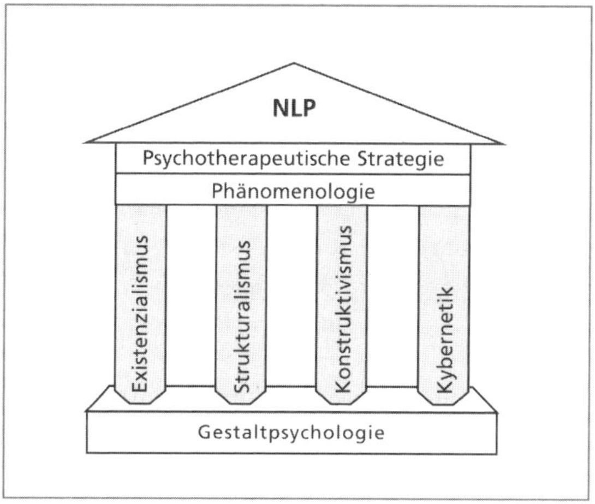

psymed-verlag

Bargteheide 2010

Impressum

Die Dänische Originalausgabe wurde am 15.08.2008 als Masterarbeit an der Universität Kopenhagen im Fachbereich Psychologie unter dem Titel: "Neuro Lingvistik Programmering (NLP) - en analyse af NLPs genalogi, epistemologi, teori og kliniske strategi samt placering i forhold til den traditionelle psykologi" eingereicht

Autor: Bent-Charly H. Hansen
Titel der Deutschen Erstausgabe im Psymed-Verlag 2010:

Was Sie über NLP wissen sollten!

Wissenschaftliche Wurzeln des Neuro-Linguistischen Programmierens

Erkenntnistheorie, Metatheorie und strategische Interventionen

Autor: Bent Hansen
Für leichtere Lesbarkeit mit Glossar wissenschaftlicher Begrifflichkeiten
und Hintergrundinformationen von Dr. Klaus Witt

Übersetzung: Marianne Flato, Dr. Klaus Witt
Lektorat: Klaus-Rüdiger Gimmler
Gestaltung und Satz: Schmidt Agentur & Service GmbH
Illustration der Abbildungen: Ulricke Pijl
Druck: Thorsberg Druckerei

Die Deutsche Bibliothek - Cip-Einheitsaufnahme
ISBN: 978-3941903-04-3

psymed-verlag

Psymed-Verlag Dr. Klaus Witt
Fichtenweg 5, D-22941 Bargteheide

www.psymed-verlag.de eMail: office@psymed-verlag.de

Vorwort des Herausgebers

Bent Hansen stellt vor, wie das Neuro-Linguistische Programmieren (NLP) in die traditionelle Geisteswissenschaft und in die Psychologie eingeordnet werden kann. Damit schliesst er eine Lücke und bietet eine Grundlage für eine fundierte und fachübergreifende Diskussion des NLP und der NLP-Psychotherapie (NLPt). Gleichzeitig zeigt Bent Hansen mit seiner Herangehensweise, wie wichtig ein wissenschaftlich fundierter Blick ist und wie wertvoll fachübergreifendes ziel- und lösungsorientiertes Denken ist.

NLP entstand Mitte der 70er Jahre in Amerika als pragmatisches, interventionsorientiertes Kommunikationsverfahren und wurde über die Jahre insbesondere von Vertretern der etablierten Wissenschaft massiv kritisiert. Es sei nicht theoretisch fundiert und könne keine wissenschaftlich anerkannten Ursprünge und Belege vorweisen! Daher sei es sowohl als Kommunikationsmodell wie auch als psychotherapeutisches Modell mangelhaft. Der Methode fehle jede wissenschaftliche Substanz und sei auch in seiner Glaubwürdigkeit und Wirksamkeit nicht nur anzuzweifeln, sondern generell abzulehnen, meinen die Kritiker.

Verwundert muss man feststellen, dass gerade die ärgsten Kritiker häufig nur über mangelhafte NLP-Kenntnisse verfügen und gerade die anerkannten theoretisch gut fundierten Therapien einen eklatanten Mangel an wirksamen Veränderungstechniken aufweisen. NLP ist die Methode, die in den letzten 30 Jahren den größten Umsatz im Fortbildungsmarkt und den größten Einfluss auf diesen hatte. Viele Innovationen und Weiterentwicklungen an Beratungs- und Therapieinterventionen der letzten Jahre sind auf NLP-Techniken zurückzuführen. NLP-Kommunikations-Interventionen sind heute in fast allen Bereichen des Lebens zu finden. Einige erfreuen sich auch wissenschaftlicher Anerkennung, dann allerdings oft unter einem anderen Namen.

Die biologische Erkenntnistheorie von Maturana und Varela war bisher das einzige Vehikel, um der Kritik, NLP habe keine Theorie und sei damit nicht wissenschaftlich fundiert, entgegenzutreten. Erst Bent Hansen steuert mit seinem philosophischen Ansatz einen neuen Zugang zum NLP bei und zeigt, wieviel Erkenntnistheorie und Philosophie zur Theoriebildung des NLP beitragen. Auch wenn hier natürlich keine vollständige Theorie oder gar gesamtphilosophische Grundlagenabhandlung geliefert werden kann, so bietet diese subjektive Auswahl, einen wichtigen und fundierten Beitrag für die Theoriebildung und wissenschaftliche Anerkennung des NLP!

Lieber Bent, ich möchte dir hier meine Anerkennung und Hochachtung aussprechen. Zum einen, weil du mit dieser Arbeit die Entwicklung von NLP zeitgeschichtlich aus der Erkenntnistheorie der Psychologie und Psychotherapie abgeleitet hast und zum anderen, weil du auch aufzeigst, wie NLP in Bezug zu den philosophischen Grundlagen und der aktuellen Diskussion der allgemeinen Wirkmechanismen von Psychotherapie als eigenständige Profession eingeordnet werden kann. Ich finde es wirklich anerkennenswert, dass du nach dem erfolgreichen Aufbau deines NLP-Instituts und jahrelanger praktischer Arbeit, im Alter von 51 Jahren begonnen hast, Psychologie zu studieren. Du hast deine Kritiker bravourös widerlegen können und die akademisch erforderlichen Qualifikationen mit 57 Jahren mehr als erfüllt. Ich wünsche dir gutes Gelingen bei den neuen Herausforderungen, die dir im jetzigen Arbeitsfeld begegnen.

Neugierig auf deine Erfahrungen und all die neuen Erkenntnisse, die du jetzt bei der Anwendung deines theoretischen und praktischen Wissens als angestellter Psychotherapeut in dem Gesundheitsprojekt in Nordreisa am Nordkap machst, freue ich mich auf der von dir gelegten Basis im Kreise der europäischen Kolleginnen und Kollegen auf eine Fortsetzung unserer Diskussion der Psychotherapie.

Dieses Buch ist m.E. eine Pflichtlektüre für jeden ernsthaften NLP-Anwender sowie Kritiker und eine Diskussionsbasis für die Weiterentwicklung von ressourcen-, lösungs- und zielorientierter Psychotherapie und Beratung. Ich verstehe es als einen Baustein für eine vertiefende Diskussion des NLP.

Zur Erleichterung des Leseverständnisses habe ich mit Bent Hansens Einverständnis, wissenschaftliche Hintergründe und persönliche Erläuterungen in den Text kenntlich eingefügt und ein ausführlicheres Glossar angehängt. Da wir davon ausgehen, dass Sie - als NLP-Fachpublikum - der englischen Sprache mächtig sind, haben wir die englischen Zitate im Original belassen.

Mein Dank gilt allen, die mir bei der Übersetzung und/oder Fachfragen behilflich waren und ganz besonders Klaus-Rüdiger Gimmler für das sehr gründliche Lektorieren und Redigieren. Klaus-Rüdigers genaues Nachfragen sowie seine Kommentare mit Formulierungsvorschlägen, waren eine außerordentliche Hilfe und Bereicherung. Dank gilt auch dem DVNLP, SWISSNLP und NLPäd sowie allen im Anhang aufgeführten Kolleginnen und Kollegen. Auch wenn es gemessen an die große Anzahl der NLP-Anwender bisher erst eine kleine Gruppe ist, welche die Deutsche Veröffentlichung durch ihren Eintrag unterstützt haben, so ist es ein Anfang für eine breite Theoriediskussion.

Zusammen mit Klaus-Rüdiger Gimmler bieten wir Ihnen für Ihre Diskussionsbeiträge, Weiterentwicklungen und Fragen unter www.psymed-verlag.de einen Rahmen für eine weitere Auseinandersetzung mit dem Thema. Wir wünschen Ihnen Freude und Erkenntnisse beim Lesen und freuen uns auf vertiefende und weiterführende Beiträge.

Dr. Klaus Witt

Inhalt

1.0 Einleitung

Mein Interesse im Laufe meines Psychologiestudiums konzentrierte sich zentral darauf, die theoretischen Voraussetzungen für die angewandte Psychologie zu erlernen und mit Hinblick darauf, einen theoretischen Standpunkt im klinischen- und sozialpsychologischen Bereich zu finden. Meine Motivation lässt sich in dem Wunsch ausdrücken, die klinischen Erfahrungen und die Wissenschaftstheorie zu einem verständlichen Ganzen zusammenzufügen.

Für ein besseres Verständnis gebe ich Hinweise auf den Zeitgeist, welcher zu Beginn der Entwicklung des NLP vorherrschte, und wie dieser Hintergrund dafür im Wesentlichen verantwortlich ist und damit im Zusammenhang steht, wie die Methode heute praktiziert wird.

Meine persönliche Neugierde wurde in der Pause eines Führungskräfteseminars geweckt, als der Psychologe Stig Kjerulff 1986 sagte: „Wenn Sie wüssten, was Sie verpassen, wenn Sie nicht nachfragen, was NLP eigentlich ist!"

Im Laufe von weiteren 5-6 Jahren NLP-Training bin ich persönlich von allen innovativen Lehrtrainern des NLPs ausgebildet worden. Ich habe fundierte Kenntnisse erworben, mehrjährige praktische Erfahrung in der Anwendung von NLP und praktiziere seit 1995 Psychotherapie.

Die Wissenschaftsbasis meiner Betrachtung des NLP ist die Psychologie. Ich habe mich entschlossen, die Arbeit so zu strukturieren, dass das Verständnis für NLP über die genealogische (ursprungsgeschichtliche) Darstellung und deren Auswirkung auf die Epistemologie (Erkenntnistheorie) vermittelt wird.

Diese Herangehensweise verdeutlicht den theoretischen Hintergrund für die klinischen Strategien und deren Verankerung im Zeitgeschehen. Meines Erachtens sind diese Rahmen notwendig, damit eine angemessene Darstellung und Diskussion des NLP als therapeutisches Modell erfolgen kann.

Genealogie bezeichnet den genetischen Zusammenhang und im erweiterten Sinne die Auseinandersetzung mit der Ursprungsgeschichte, aus der sich verschiedene Sachverhalte aus den sie umgebenden Disziplinen konstituieren. Epistemologie ist die Bezeichnung für die Erkenntnistheorie, die sich mit der Frage befasst, wie Wissen zustande kommt und wie begründet die Bedeutung dieser Erkenntnis bzw. dieser Wahrheit unter den Entstehungsvoraussetzungen ist. In der Ontologie geht es um die Grundstruktur der Realität. Sie wird der Epistemologie entgegen gestellt und soll Fragen klären, ohne eine Vorentscheidung darüber zu treffen, ob „die Welt" beschrieben wird, wie sie „an sich" ist, oder nur, wie sie zu sein scheint.

1.1 Problemdarstellung

NLP wird häufig mit der Aussage kritisiert, dass hier nur die Rede von einer Ansammlung theorieloser Techniken sei, deren Wirkung anfechtbar sei. Ein solcher Mythos um die angebliche Theorielosigkeit der Methode ist problematisch, da er eine professionelle Anerkennung verhindert.

Die spezielle Intention ist es deshalb, die genealogischen, epistemologischen, theoretischen und klinischen Grundlagen von NLP zu untersuchen, zu analysieren und in Bezug darauf:

1. das psychologische Erbe darzustellen,
2. die theoretische Grundlage von NLP einzugrenzen, zu erforschen und zu beschreiben,
3. die Effekte festzuhalten, die aus dem Prozess der Sammlung und Anwendung dieses Wissens als NLP-Synthese entstanden sind.

Die Untersuchung erfolgt mit Hilfe theoretischer Paradigmen, damit NLP als Methode mit anderen psychologischen Theorien gleichgesetzt werden kann.

2.0 Epistemologie und Genealogie

NLP ist sowohl Ontologie (Grundstruktur der Realität als Teilgebiet der Metaphysik, die sich mit dem Wesen des Seins und der Existenz beschäftigt) als auch Epistemologie. Als Grundlage für die Ontologie gibt es eine Reihe von Voraussetzungen und Beschreibungen der Kommunikation: z. B. Wahlmöglichkeiten, Veränderung und Intention hinter jedem Verhalten.

2.1 Die epistemologische Sicht

Über die Epistemologie von NLP schreibt der Mitentwickler Robert Dilts: "At the heart of NLP as an epistemology is modeling – an ongoing process for expanding and enriching your map of the world through awareness, flexibility, multiple perspectives and personal congruence. Both the ontology and the epistemology of NLP begins with the presupposition that "the map is not the territory" – each of us actualizes possibilities in the world through the models or maps we create in our minds" (Dilts & DeLozier, 2000: 364).

NLP wurde aus der Erkenntnis heraus geschaffen, dass die geistigen Strategien und Strukturen modelliert - also nachgebildet- werden können. Diese Erkenntnis beruht auf einer Reihe von Grundannahmen, die nicht als allgemeingültige Wahrheiten, jedoch als sehr nützliche Arbeitsgrundlagen für Prozessberatung, Veränderungsberatung und Psychotherapie gelten können.

2.2 Genealogie

Foucaults (1926 - 1984) genealogische Sichtweise steht unter großem Einfluss von Nietzsches Abhandlung über Genealogie und Geschichte. Im Gegensatz zur Geschichte, die den Ursprung sucht und betont, fokussiert Foucault die zur Herkunft gegensätzliche Geschichte. Er kritisiert die Idee, "dass die Essenz oder Wahrheit der Dinge in ihrer Herkunft liegt" (Foucault, 2001: 59). Foucaults genealogische Analyse löst den Druck, Wahrheiten zu präsentieren, die aus einem anderen Betrachtungswinkel nicht existieren.

Nach Foucault beruht die Wahrheit der Historie bzw. die Beschreibung und Wahrnehmung dieser Wahrheit auf der Betrachtungsweise des jeweiligen Verfassers. Er ist beeinflusst durch seine Herkunft und seine durch den Zeitgeist und dessen Werte subjektiv bedingte Sichtweise. Die Wahrnehmung und Darstellung seiner beschriebenen Entstehungsgeschichte ist eine durch die Zeit und Betrachterperspektive subjektiv bedingte Wahrheit. Siehe Glossar: Foucault, Dilts und DeLozier!

Bei der Herkunftsanalyse geht es darum, alle subtilen, allein stehenden Merkmale zu erkunden, die sich überschneiden können und dann ein schwer erklärbares Netz ausmachen können. Eine Kategorie lässt sich aus einer solchen Herkunft als eine Erklärung definieren und ermöglicht damit, die verschiedenen Markierungen zu trennen " (ibid.: 62). Mit einzelnen Markern meint Foucault die einzelnen spezifischen und konkret zugrunde liegenden gleichzeitigen Ereignisse, die sich überschneiden oder zu einer allgemeinen Kategorie von Ereignissen führen. So betont Foucault auch in Bezug auf die Entstehung: „Wie man zu oft dazu neigt, die Herkunft in einer Kontinuität ohne Unterbrechung zu suchen, wäre es ein Fehler, die Entstehung mit Hilfe des Endpunktes erklären zu wollen" (Ibid.: 65).

Durch die an der Genealogie beteiligte Entstehungsanalyse erscheinen bestimmte sichtbare Machtverhältnisse. Kräfte, die im Spiel sind, zeigen den prozessualen Kampf untereinander. Oder sie zeigen Kämpfe in Bezug auf die kontextuellen Widersprüche bzw. Kämpfe in Form von inneren Gegensätzen mit dem Ziel, Degenerationen zu vermeiden und die Stärke zurück zu gewinnen. "Der Fortschritt ist also der Einlass der Kräfte in die Szene; es ist ihr Aufbruch, der Schnitt, in dem sie sich von der Theaterkulisse abgrenzen, jede Kraft mit seiner besonderen Findigkeit und Jugend" (Ibid.: 66).

Eine andere zentrale These von Foucault ist eine neue Herangehensweise an den Begriff der Macht, der analytisch in verschiedenen Untersuchungen angewendet werden kann (Laustsen & Myrup, 2006: 366). Der prozessuale und konstituierende Charakter der Macht hat ein höheres Gewicht als in der traditionellen Machtkategorie, wo Inhalt und negativer Effekt eine größere Bedeutung haben. Die Macht ist in Foucaults Universum produktiv und bemüht sich um die Förderung des Einzelnen (Mik-Meyer & Villadsen, 2007: 17).

Die Macht lebt nur, wenn sie zwischen freien Menschen (liberal) aktiviert (dynamisch) wird. Die Macht als Geist zu bezeichnen, wäre zu einseitig, denn sie lebt von der Akzeptanz durch den, der ihr ausgesetzt ist. „Foucaults zeigt auf, dass die pastorale Leitung oder Machtform mit der schwindenden Bedeutung der Kirche nicht beendet war. Ganz im Gegenteil, pastorale Techniken haben sich insbesondere durch das Führen von Individuen im modernen Wohlfahrtsstaat etabliert. Psychologen, Pädagogen, Sexualtherapeuten, Sozialarbeiter, Unternehmensberater u. a. arbeiten mit pastoralen Beratungstechniken" (Ibid.: 18).

Bent Hansen versteht unter pastoralen Techniken belehrende Methoden. Aus der Haltung heraus, die Wahrheit zu proklamieren, werden Menschen geführt und „Nichtgläubige" diskreditiert. Früher war es die Kirche, die sich dieser Techniken bediente und heute scheint in erster Linie die Medizin mit ihrem „evidenzbasierten" Wissenschaftsverständnis diese Methode der Religion übernommen zu haben.

Die moderne Machtausübung hat das Ziel, freien Menschen zu helfen und sie zu beeinflussen, dass sie eigene Kompetenzen und neue Verhaltensformen entwickeln. Das hat zur Folge, dass diese über pastorale Techniken ausgeübte Macht auch Gegenreaktionen auslösen und damit neue Kapazitäten schaffen kann.

Die Macht holt sich ihre Unterstützung und Argumentation im umschriebenen Wissen wissenschaftlicher Theorien. Die Verbindung von Macht und Wissen ist besonders in den angewandten Interventionsformen (Behandlungen) zu sehen, wie sie beispielsweise in der Psychiatrie angewendet werden.

Es wird ein Weltbild mit einer anscheinend bewiesenen Wahrheit geschaffen, nach der dann gehandelt werden muss. In der Patientenbehandlung ist es die evidenzbasierte Medizin. Daher ist es nicht verwunderlich, dass Psychiater in der Regel von Medikamentengaben sprechen, wenn sie von therapeutischen Interventionen reden. Siehe Glossar: Evidenzbasierte Wissenschaft!

Dies ist ein zentraler genealogischer Gesichtspunkt, er lässt den durch NLP verursachten amerikanischen Aufruhr in und gegen die psychiatrische Dominanz verständlich werden. Die Begründer haben psychiatrischen Absurditäten und Widersprüchlichkeiten aufgedeckt und lächerlich gemacht. Gleichzeitig erklärt es, warum die Begründer von NLP die Methode auf eine arrogante Art vermittelten. Denn sie konnten damit die psychiatrischen Absurditäten und Widersprüche aufdecken und „lächerlich" machen.

Es ist kein Zufall, dass bestimmte Problemstellungen zu bestimmten Zeiten und in bestimmten historischen Zusammenhängen auftauchen. In Foucaults Begriffswelt ist es der Zusammenhang zwischen Wissen und Macht, der untersucht werden sollte. Die neuen psychotherapeutischen Richtungen entstanden als Folge einer jahrelangen behavioristischen und psychoanalytischen Dominanz in der amerikanischen Psychologie. Die Entstehung von Gestalttherapie, kognitiver Verhaltenstherapie, Systemtheorie und NLP stehen in Zusammenhang mit dieser Dominanz.

Foucaults analytische Position ist umfassend, zeitraubend und fordert teilweise den Bruch mit dem traditionellen analytischen Zugang zum Thema (Heede, 2002: 47).

Foucaults Analysen haben zu einem klaren Ansatz in der Neuzeit geführt. Im Prinzip ist die Suche nach der Herkunft und der Entstehungsgeschichte die Voraussetzung dafür, herauszufinden, warum es so wurde, wie es ist. Im Gegensatz zu klassischer Geschichtsschreibung wird mit Blickrichtung in die Zukunft von der Neuzeit rückwärts beschrieben. Daher startet die nachfolgende Analyse nach Foucaults Anweisungen in der Neuzeit und bewegt sich rückwärts in die verzweigten Merkmale der Zeit der Entstehungsgeschichte.

2.3 NLP heute

Bestrebungen, eine glaubwürdige und kohärente Methode hervorzubringen, haben in der Neuzeit dazu geführt, Abstand von gewissen Teilen des ursprünglichen NLP zu schaffen und unter anderem auch neue Elemente im NLP zu etablieren. Professionell praktizierende Therapeuten haben Theorieelemente anderer Modalitäten ins NLP eingebracht, die es nicht im eigenen Repertoire von NLP gab, z. B. die Übertragung aus der Psychoanalyse, die Bedeutung der Kindheit im späteren Leben und die Psychopathologie.

Die meisten seriösen Anbieter von NLP nehmen heute Abstand von der "Performance," der Art und Weise, mit der insbesondere Richard Bandler weltweit aufgetreten ist. Zum einen war sein Auftreten unseriös und kommerziell ausgerichtet, zum anderen hat er seit Ende der 80er Jahre inhaltlich keine neuen Elemente entwickelt.

NLP wird heute in der ganzen Welt praktiziert. Das Feld der Anwendung liegt primär in Beratung, im Coaching und bei beruflichen Aufgaben, z.B. im Businessbereich. In Europa und wenigen Zentren der USA wird NLP jedoch auch als Basis zur Entwicklung therapeutischer Interventionen verwendet.

Neuro-Linguistische Psychotherapie (NLPt) wurde als eigenständige Psychotherapiemethode in die European Association for Psychotherapy (EAP) aufgenommen und in Italien und in Österreich staatlich zugelassen.

2.4 Historische Entwicklung aus heutiger Sicht

NLP erscheint als Produkt des intellektuellen Teils der amerikanischen Jugendkultur der 70er und 80er Jahre. Es ist aus dieser Zeit heraus als mannigfaltige antiautoritäre Auseinandersetzung mit Autoritäten aller Schattierungen zu verstehen. Hier waren dynamische Kräfte im Spiel, die sich formierten, manifestierten und periodisch weiterentwickelten.

Wolfgang Walker hat in seiner Diplomarbeit u.a. die geistigen und wissenschaftlichen Verbindungen und Beziehungen der Personen recherchiert und beschrieben, die für den Geist und die Entwicklung von NLP wichtig waren. Seine Arbeit ist bei Klett-Cotta unter dem Titel erschienen: Abenteuer Kommunikation - Bateson, Perls, Satir, Erickson und die Anfänge des Neurolinguistischen Programmierens. Klett-Cotta, Stuttgart 1996, ISBN 3-608-91976-7.

Den zeitgenössisch größten politischen Impuls zur Veränderung in allen Bereichen der Gesellschaft gab die Watergateaffäre, als Präsident Nixon

1974 fast stündlich durch mediale Enthüllungen und aufgedeckte Beweisvernichtungen die Öffentlichkeit kränkte und den Respekt gegenüber der Person des Präsidenten und seinem Amtes demontierte (Dallek, 2008: 525).

Im Jahr zuvor war das Friedensabkommen zwischen den USA und Nordvietnam zustande gekommen. Der Krieg hatte die amerikanische Gesellschaft gespalten und endete mit dem Tod von 46.370 amerikanischen Soldaten. Allein 10.000 starben, ohne in Kampfhandlungen involviert gewesen zu sein, und mehr als 300.000 wurden verletzt (Cawthorne, 2006: 224). Die Verluste des Gegners waren wesentlich höher zu beziffern.

Der Krieg und das sinnlose Sterben mobilisierten viele junge Menschen, vor allem Studenten. Inspiriert durch die 68er Jugendbewegung in Europa, lebten sie ihren Protest aus. Sie veranstalteten Kampagnen und Aktionen, die Themen wie den Protest gegen den Krieg, die Professoren (Lehrinhalte) an den Universitäten, Bürgerrechte und die Unterdrückung der Frauen beinhalteten. „Die Bewegung gegen den Krieg umfasste einen breiten Zusammenschluss radikaler Gruppen. Intellektuelle, die gegen den Krieg waren, schlossen sich an. Die bekanntesten waren Dr. Spock, der Schriftsteller Norman Mailer und Havard-Linguistikprofessor Noam Chomsky. Organisiert von „Students for a Democratic Society“ sprachen sie als Redner auf so genannten „teach-ins“ in höheren Schulen (ibid.: 146).

Das löste eine gewaltige Gegenreaktion bei Eltern aus, die Anhänger des Krieges waren. Parallel zur politischen Protestwelle entfaltete sich die musikalische Revolution. Die Volksmusik wurde durch Beatles und Rolling Stones ersetzt. Jugendliche auf LSD mit dem düsteren „Beatnik“- Gesichtsausdruck entschieden sich für wilde Bekleidung und lange Haare - etwas, was sie unter anderem bei britischen Bands kennengelernt hatten. LSD wurde als eine Form geistiger Befreiung angesehen, und ein christusartiges Erscheinungsbild mit langen Locken und weiter Bekleidung wurde zum gewöhnlichen Anblick. San Francisco-Bands wie Jefferson Airplane und Flamin’ Groovies nahmen LSD und entwickelten den charakteristischen Klang der psychodelischen Musik (Ibid.: 155).
Die Frauenbewegung erlebte in dieser Periode ihren Aufschwung. ”One of the biggest problems,” wrote Jeffrey and Carol McEldowney in their notes summarizing the workshop, ”is teaching women to accept ourselves,

to accept our limitations and needs, as WE define them, and not as men define them" (Miller, 1987: 257).

Letztendlich prägte der Bürgerrechtskampf diese Periode. Die schwarzen Amerikaner waren auf allen zentralen Ebenen stigmatisiert. Die Rekrutierung zum Militärdienst nach Vietnam war in dieser Bevölkerungsgruppe unverhältnismäßig hoch (Cawthorne, 2006: 141).

Malcolm X, Martin Luther King, Muhammad Ali, Angela Davis und Black Panther waren Symbole und Helden der schwarzen Bevölkerung. Der wissenschaftliche Politologe Samuel Huntington fasst die Periode folgendermaßen zusammen:

"The essence of the democratic surge of the 1960s was a general challenge to existing systems of authority, public and private. In one form or another, this challenge manifested itself in the family, the university, business, public or private associations, politics, the governmental bureaucracy, and the military services. People no longer felt the same compulsion to obey those whom they previously considered superior to themselves in age, rank, status, expertise, character or talents" (Miller, 1987: 320).

2.5 Richard Bandler, John Grinder und ihr Studienkreis

In dem Schmelztiegel, indem die beschriebenen vielfältigen Aufruhrprozesse und widersprüchlichen geistigen Positionen und Haltungen der Gesellschaft wirkten, kanalisiert der Psychologiestudent Richard Bandler seinen Drang nach Provokation und Veränderung der Gesellschaft, der später zu NLP führte.

Bandler und Grinder haben selten andere in ihr Vorleben eingeweiht. Es lag quasi ihrem Konzept zugrunde, dass Kindheit und persönliche Geschichte bedeutungslos seien. Daher sind viele undokumentierte Mythen und Geschichten um sie geschaffen worden. In Verbindung mit einem Prozess in den Jahren 1987 - 1988 gegen Bandler, den er gewann, veröffentlichte das "Mother Jones Magazine" im Februar/März 1989 einen Artikel über Bandler, der auf umfassende Recherchen aufbaute.
"At 16, he was hired to teach drums to the son of Robert Spitzer, a generous, soft-spoken psychiatrist who quickly became a father figure... Spitzer

also introduced him to pioneer family therapist Virginia Satir, whose message of self-love and acceptance struck a chord in the youth" (Clancy & Yorkshire, 1989: 2).

Nach dem Abitur studierte Bandler Philosophie, experimentierte mit "Drogen und Marihuana" und arbeitete in Spitzers Verlag. Mit großer Präzision verfasste Bandler erst die Memoiren Virginia Satirs (Begründerin der Familientherapie) und später von Fritz Perls (Begründer der Gestalttherapie). Man berichtet, die Nachahmung der beiden brachte Robert Spitzer dazu, ihn Fritz zu nennen.

1970 begann Bandler sein Psychologiestudium an der University of California, Santa Cruz (UCSC) und er nutzte sein Wissen über Satir und Perls, um Gestaltgruppen zu leiten und Mitstudierende zu beraten. Aus mehreren Quellen geht hervor, dass Bandler, der von Robert Spitzer gesponsert wurde, einen kräftigen Verbrauch an euphorisierenden Mitteln hatte, wobei Kokain sein bevorzugtes Rauschmittel war.

NLP World Magazine präsentierte 1998 eine Biografie über John Grinder. Er war im Alter von 18 – 22 Jahren unter starkem Einfluss der Jesuiten, bei denen er die Rhetorik zu schätzen lernte. Anfang der 60er Jahre absolvierte er ein Studium der Psychologie an der University of San Francisco (USF). Danach ging John Grinder zum Militär, diente in Europa und arbeitete während des kalten Krieges für den amerikanischen Geheimdienst (CIA). Ende der 60er Jahre studierte er Linguistik und bekam von der University of San Diego den Doktortitel in Linguistik verliehen. John Grinder arbeitete zusammen mit George A. Miller, Gründer der „cognitive science" sowie Lakaff und Johnson von der Rockefeller University, die bei Noam Chomsky studiert hatten. Als Linguist arbeitete Grinder im Rahmen der bekannten Disputation von Chomskys: „Theories of Transformational Grammar."

Anfang der 70er erhielt er einen Lehrstuhl als Professor für Linguistik an der neu entstandenen University of California, Santa Cruz (UCSC). John Grinder weigerte sich, nach Vietnam zu gehen. Er beteiligte sich an verschiedenen Blockaden der Militärbasis von Fort Ord und war aktiv in der Friedensbewegung. An der UCSC traf Bandler den jungen, radikalen Professor Grinder. Zusammen begannen sie das Studium der Kommunikation mit dem Ausgangspunkt der Modellierung der bekannten Größen der psychotherapeutischen Welt. Der Einfluss von Gregory Bateson, einem populäreren Dozenten an der UCSC, war auffällig. "For Grinder and Bandler it was a fertile time. They sat for hours in the sun room of Bateson's house, listening to Bateson and discussing his innovative ideas, which became the intellectual foundation of NLP" (Clancy & Yorkshire, 1989: 3).

Sie arbeiteten mit Film- und Tonaufnahmen von Satirs und Perls Workshops, in denen sie Satzkonstruktionen und Körpersprache analysierten. Sie betrachteten sie, um diese zu kodieren und ihre Methodik von der Perspektive der Linguistik und Körpersprache her zu verstehen. Über Bateson entstand Kontakt zu Milton H. Erickson, der als Hypnotherapeut und Psychiater berühmt war. Sie modellierten das erfolgreiche Therapeutenverhalten (Sprachmuster und Körpersprache) und entdeckten, dass sie mit diesem herausgefilterten Verhalten bei Klienten dieselben Effekte erzielen konnten.

2.6 Die kognitive Verhaltenstherapie und Bedeutung

Aaron Beck, der als der zentraler Entwickler der kognitiven Verhaltenstherapie gilt, schrieb 1967, dass er keine Bestätigung für Freuds klassische Theorie fand, die annimmt, dass Depressionen eine Folge von gegen sich selbst gerichteten Aggressionen sei. Er dagegen fand er heraus, dass negative Gedanken die Ursache für Depressionen seien. Damit lehnte er die Freudschen Theorien ab und entwickelte im Laufe der Jahre ein kognitiv orientiertes Therapiemodell. Verdrängung definierte er als kognitiven Prozess, der den Zweck habe, das individuelle spezifische Selbstbild aufrecht zu erhalten. Dies vollzieht sich durch die Entwicklung von Schemata, Transformation von negativen Gedanken zu positiven Gedanken und der Aufstellung verschiedener Triaden von Zusammenhängen. Durch Aaron Becks Entwicklung der kognitiven Verhaltenstherapie wurde die so genannte kognitive Revolution eingeleitet, welche ihrerseits die neurologische Forschung auslöste.

Beck führte ein Konzept der Grundannahmen und auch auf Fehler beruhenden Schlussfolgerungen ein, aus denen dann automatische Gedanken und depressive Muster entstehen. Beck sieht psychische Störungen als Folge von falschen Einstellungen, einseitigen Betrachtungsweisen, Denkfehlern sowie automatischen Gedanken an. Er beschreibt die so genannten dysfunktionalen kognitiven Konzepte, also krankmachende Gedankenkonstruktionen, für deren Veränderung NLP später viele hilfreiche Interventionen, Übungen und Werkzeuge lieferte - allerdings ohne sich auf Becks theoretischen Hintergrund zu beziehen. Siehe Glossar: Kognitive Verhaltentherapie!

1962 trafen sich Jerome Bruner und George Miller mit anderen Kollegen, darunter Noam Chomsky, für einen Erfahrungsaustausch über Ergebnisse und Erfahrungen in ihren Fachgebieten. Ihre Arbeit stellt die Grundlage für das dar, was man die „kognitive Revolution“ nennt, mit der die Neuropsychologie einen Entwicklungsschub erfuhr. Dies förderte besonders die Gründung des „Center for Cognitive Studies at Havard.” Diese Initiative wird auch als Meilenstein der Gehirnforschung angesehen (Thorne & Henley, 2001: 539).

2.7 Behaviorismus

Der Behaviorismus (Verhaltenstheorie und Verhaltenstherapie) hatte in der Zeit von den 20ern bis Mitte der 60er Jahre eine große, machtvolle Ära. Sie endete nach B. F. Skinner, der zusammen mit Watson, Tolmann und Thorndike die amerikanische Psychologie Jahrzehnte in der Rolle einer neuen „Religion“ dominierte. „Although behaviorism became American psychology's predominant and relatively unchallenged paradigm for at more than 50 years, there were many versions of it” (ibid.:357).

Burrhus Frederic Skinner (1904-1990) prägte den Begriff „operante Konditionierung“ (Lernen am Erfolg) und gilt als Vater des Behaviorismus. Er leitete seine Theorie in erster Linie aus zahlreichen Lernexperimenten mit Tieren ab. Siehe Glossar: Verhaltentherapie, Skinner, Watson, Torndike und Tolman!

Der Behaviorismus wurde von vielen verschiedenen Quellen inspiriert, wie z. B. der empirischen Tradition (Locke und Hume), Evolutionstheorie (Darwin) und amerikanischem Funktionalismus (Thorndike), inklusive dem Positivismus.

Die besondere Auffassung des Behaviorismus, dass das psychische Verhalten ausschließlich als eine Reiz-Reaktionskette (Stimulus-Response-Kette) zu verstehen und zu erklären ist, war ein Extrem. Studien des Geistes und des Denkens wurden im Sinne von mentalen Spekulationen ohne wissenschaftliche Relevanz aufgefasst. Diese seien nicht zu untersuchen und dadurch wurde die psychologische Wissenschaft zu einem deterministisch-reduktionistischen Beobachtungsmodell eingeschränkt.

Noam Chomsky, der später eingehender behandelt wird, publizierte eine umfassende Kritik des Behaviorismus, die eine entscheidende Bedeutung für die weitere Entwicklung amerikanischen Psychologie bekam.

Im Funktionalismus wird die These vertreten, dass es sich bei mentalen Zuständen um funktionale Zustände handelt. Für den Positivismus gilt, dass alles, was nicht beobachtbar und durch wissenschaftliche Experimente erfassbar ist, abgelehnt wird.
Siehe Glossar: Funktionalismus, Positivismus und Darwin!

2.8 Die Psychoanalyse

Siegmund Freud (1856-1939) stellte den Amerikanern die Psychoanalyse 1909 auf der Clark- Konferenz vor, an der Carl G. Jung (1875-1961) ebenfalls teilnahm. Die fünf auf Deutsch gehaltenen Vorlesungen wurden in Halls Journal publiziert. Die Einführung wurde als erfolgreiche Grundsteinlegung und Keim für die Verbreitung der Psychoanalyse in den USA betrachtet. "The seed of Freudian psychoanalysis, if it had not already been sown in America, was certainly sown now and nurtured through this meeting" (Thorne & Henley, 2001: 270). Die Amerikaner hatten aber am Anfang Schwierigkeiten damit, Freuds Theorien über den Sexualtrieb und symbolische Aspekte der Psychoanalyse zu akzeptieren.

Freud unterschied das Bewusste, das Vorbewusste und das Unbewusste und entwickelte eine Theorie, wie diese drei Bereiche zusammenwirken. Freud hat in seiner Entwicklung vier unterschiedliche Versionen seiner Theorie vorgestellt und weiterentwickelt.
Carl Gustav Jung (1875-1961) brachte die Begriffe Komplex und Persönlichkeitsstruktur in die psychoanalytische Diskussion
Siehe Glossar: Freud und Jung!

2.9 Epistemologische und genealogische Zusammenfassung

Es ist möglich, das menschliche Potenzial zu analysieren. Die Systeme, die besprochen werden, enthalten ein Feedback über die Aktivität, die zwischen Stimulus und Respons liegt. Die Strategien, die der Verstand als analytische Orientierungsform anwendet, können bis zu einem gewissen Grad studiert, erlernt und durch Modellierung nachgebildet und kopiert werden. Es ist nichts Neues, dass der Mensch am sozialen Rollenmodell lernt (Eltern, Geschwister, Kameraden, Lehrer, Leiter usw.). Dieser Mechanismus ist hinreichend beschrieben. Aber indem man die Modellierung bewusst, konkret und detailliert darstellen kann, entsteht ein Instrument von großer, praktischer Reichweite, besonders auch im therapeutischen Sinne.

NLP ist als Reaktion gegen die Enge der traditionellen Psychologie und Psychiatrie entwickelt worden, ohne die es nie hätte entstehen können. Verschiedene Aspekte können aus der Jugendrebellion abgeleitet werden; dem Drang zu experimentieren, neue Wege zu finden, mit dem Tradierten zu brechen und sich befreien zu wollen.

Die genealogische Analyse verdeutlicht ein interessantes Paradoxon: Den Unterschied zwischen grundlegenden Erkenntnissen, Einstellungen und Kompetenzen bei den Pionieren des NLP und den vielen Tausenden, die heutzutage die Methoden des NLP ohne die erforderliche Fachkompetenz anwenden, so für sich und andere nutzen. Sie stehen für das erfolgreiche Erlernen von Techniken, die als Interventionsformen funktionieren, ohne gleichzeitig Bekanntschaft mit den Voraussetzungen, der Tiefe und den Zusammenhängen für die Anwendung der zugehörigen Materialien zu schaffen.

Aus diesem Grunde wird auch verständlich, dass theoretisch falsche und wenig fundierte Äußerungen von NLP-Anwendern in der Fachwelt auf Widerstand stießen und stoßen. Allerdings wird auch der Wert von pragmatischen Techniken deutlich. Beobachtbar ist, dass NLP- Methoden immer häufiger von professionellen Anwendern aufgrund ihrer überzeugend klaren und z.T. einfachen Struktur und direkt beobachtbaren Wirksamkeit anderen Psychotherapiemethoden vorgezogen werden. Durch die so entstehende Attraktivität ist die weltweite Verbreitung, und damit der Erfolg von NLP wohl zu erklären.

Den Begründern des NLP war anfangs nicht bewusst, dass sie eine neue Methode entwickelten. Sie waren unter dem Einfluss des besonderen Zeitgeistes von Neugier getrieben. Aus der Sicht der Entwickler wurde NLP erst zur Methode, als die amerikanische Psychologie neue Inszenierungen benötigte.

Mitte der 80er Jahre startete NLP als kommerzielles Modell, was rechtliche Streitigkeiten u. a. über das Urheberrecht generierte. Von diesem Zeitpunkt an teilte sich NLP in zwei Äste: das kommerzialisierte, an das Business angepasste NLP mit schnellen, erfolgreichen Lösungen und das professionellere psychotherapeutische NLP, das seinen Platz im traditionellen psychologischen Bereich sucht.

Die Österreicher Dr. Helmut Jelem und Mag. Peter Schütz schufen 1995 den Begriff NLPt und gründeten die „European Association for Neuro Linguistic Psychotherapy" (EANLPt www.eanlpt.com). Siehe Glossar: NLPt!

3.0 Theoretische Einflüsse auf die Entwicklung von NLP

Die Untersuchung der Frage, auf welcher theoretischen Basis NLP steht und welche wissenschaftlich anerkannten Theorien die Entwicklung von NLP beeinflusst haben, fokussierte zunächst auf die Personen mit ihren theoretischen Vorstellungen und Gedanken, ihren verwendeten Instrumenten und Handlungsweisen in ihrer Arbeit mit Menschen, die am Ausgangspunkt der NLP-Entwicklung Gegenstand empirisch genauer Beobachtungen und Analysen waren. Bei persönlichen Arbeitskontakten und durch Video und Tonaufnahmen wurden die Arbeitsweisen dieser erfolgreichen Therapeuten und Kommunikatoren beobachtet, analysiert und in ihrem Handeln modelliert. Dieses Vorgehen war der Anfang der NLP-Entwicklung.

Später wurde auch auf sekundäre Quellen zugegriffen, die einen gewissen Einfluss auf das Design von NLP haben. In Abschnitt 4 werden die gesamten NLP-Grundannahmen untersucht, die für die NLP- Theoriebildung eine Rolle spielen.

3.1 Frederick Perls und die Gestalttherapie

Perls (1893 – 1970) ausgebildeter Arzt und Psychologe in Berlin, musste 1933 aus Deutschland flüchten, weil er jüdischer Herkunft war. Über Südafrika reiste er 1946 zusammen mit seiner Frau Laura, die bei dem existentialistischen Philosophen Martin Buber studiert hatte, nach New York. Dort war er in Supervision bei Karen Horney und Wilhelm Reich. Er veröffentlichte 1947 das Buch „Gestalt Therapy." Bis zu seinem Tode entwickelte und vermittelte er die Gestalttherapie, zuletzt am Esalen Institute, Big Sur in California. Laura Perls bereicherte inspirativ zu einem erheblichen Anteil mit ihren Kenntnissen und Erkenntnissen der Metatheorie des Existentialismus die Entwicklung der Gestalttherapie. Außerdem prägte das gestaltpsychologische Wissen beider Personen die Gestalttherapie.

Perls Berührung mit der Gestaltpsychologie (Max Wertheimer, Wolfgang Köhler und Kurt Koffka), Klassischen Phänomenologie (gegründet durch Edmund Husserl) und Existenzialismus (u.a. Søren Kierkegaard, Friedrich Nietzsche, Martin Heidegger und J. P. Sartre) schufen den Rahmen für die gestalttherapeutische Metatheorie und Definition psychologischer Standpunkte und spezifischer Methoden. Der Name Gestalt (zusammenhängendes Ganzes, Ganzheitlichkeit) stammt aus dem Deutschen und ist der zentrale Begriff der Gestaltpsychologie, die eine größere Bedeutung gewann als der Existentialismus, weil die europäische Auffassung der existenzialistischen Beschäftigung mit Angst, Schmerzen, Verzweiflung und Tod, schlecht in die amerikanische Kultur passte (Hostrup, 1999: 27).

Max Wertheimer kritisierte 1924, dass die Wissenschaft sich auf das Zurückgehen auf kleine Elemente fokussierte.

Wolfgang Köhler forderte aufgrund seiner Forschungsergebnisse mit Affen eine radikale Revision der bestehenden Theorien.
Kurt Koffkas prägte den Begriff der Gedächtnisspuren und meinte damit Lernprozesse im Gehirn.

Edmund Husserl forderte, sich vorschneller Weltdeutungen zu enthalten.
Friedrich Wilhelm Nietzsche stellte den Wert der Wahrheit überhaupt in Frage.

Martin Heidegger legte „unbedachte“ Voraussetzungen und Vorurteile der Wissenschaft(ler) offen.

Die Kernaussage des Existenzialismus ist, dass der Mensch durch den Zufall seiner Geburt in die Existenz „geworfen“ wird und aktiv selbst versuchen muss, dem Leben einen Sinn zu geben.

Søren Aabye Kierkegaard (1813 - 1855) war ein dänischer Theologe, der als erster Existenzphilosoph angesehen wird.

Siehe Glossar: Wissenschaftskritik, Phänomenologie und Existentialismus!

"Eine Gestalt ist ein Muster, eine Struktur, eine Zusammenstellung, eine besondere Organisation der einzelnen Teile, die sie ausmacht. Die grundlegende Annahme in der Gestaltpsychologie ist, dass die menschliche Natur in Mustern oder Ganzheiten organisiert ist, dass sie vom einzelnen Menschen so erlebt wird und dass sie nur als eine Funktion der Muster und Ganzheiten verstanden werden kann, aus denen sie zusammengesetzt ist." (Perls, 1978: 14).

In dieser Aussage liegt auch eine Abrechnung mit den deterministischen Voraussetzungen der Psychoanalyse, Freuds operativen Theorien, hypothetische Vorstellungen über Bewusstsein und Unterbewusstsein sowie dem topografischen, gedrittelten Persönlichkeitsmodell (Ich, Es, Über-Ich). Bewusstsein wird als Funktion verstanden, welche durch Verständnis den Sinn einer Handlung beschreiben kann. Bewusstsein entsteht als Wachzustand des Seins, am Sinn und in der Interaktion mit anderen und sich selbst (Hostrup, 1999: 45).

Der Mensch war für Perls ein dynamisches, selbstregulierendes und verantwortliches Wesen, das Überlebenseigenschaften in Form von Aufmerksamkeit (awareness) besitzt und Befriedigung der eigenen Bedürfnisse in Kontakt mit der Umwelt sichert. Daraus schlussfolgernd verwarf er den Gedanken, dass die menschliche Psyche als isolierter Aspekt des Menschen von Interesse war. Stattdessen forderte er eine ganzheitliche Sichtweise des Menschen. Diese basierte auf einer angeborenen menschlichen Anpassungs- und Überlebensfähigkeit, in welcher der Mensch in Interaktion mit seiner Umwelt funktioniert. Dieses Zusammenspiel kann durch bewusste Aufmerksamkeit im „Hier und Jetzt" überprüft werden und dadurch wird es möglich, in diesem Bereich zu intervenieren und Veränderung zu bewirken.

Der die Gestalttherapie begründende existentialistische und gestaltpsychologische Erkenntnisrahmen lässt sich auch im NLP finden, z.B. der von Perls benutzte naturwissenschaftliche Begriff Homöostase.

Als Homöostase wird das fließende Gleichgewicht zwischen Organismus und seiner Umwelt bezeichnet.

Dieses Gleichgewicht ist die Grundvoraussetzung für eine Leistungsanpassung, die den Anpassungsprozess für das gesamte Leben und Verhalten beschreibt. Der physische und psychische Anpassungsprozess nennt sich Selbstregulation und setzt die Nutzung und Einbringung von externen Ressourcen voraus. Voraussetzung hierfür ist der Kontakt mit der Außenwelt, an der sich der Mensch orientieren können muss. Die Form, wie der Einzelne die vielen unterschiedlichen Signale der Außenwelt interpretiert, beeinflusst und bewirkt die Art und Weise, wie das Individuum darauf reagiert und bestimmt entscheidend dessen Anpassungsfähigkeit.

Die Fähigkeiten viele einzelne Sinneseindrücke zu einem Erlebnis zusammenzusetzen, gelten als eine zentrale Voraussetzung befriedigend agieren zu können. Der Mensch erlebt nicht die Summe getrennter Teile, sondern immer Gestalten und somit zusammenhängende Ganzheiten und Muster, die eine Bedeutung schaffen. Die menschlichen Erfahrungen werden auch in gelernten Dialogmustern organisiert, die in die gestaltpsychologischen Gesetzmäßigkeiten eingehen.

Max Wertheimers gestaltpsychologische Gesetzmäßigkeiten, Köhlers Lern- und Forschungserfahrung sowie Kurt Lewins Theorien über die dynamischen Prozesse, die in Verbindung mit menschlichen Bedürfnissen entstehen, sind in Friedrich Perls gestalttherapeutischer Theoriebildung enthalten und werden in der methodischen Anwendung berücksichtigt.

Die Gestaltpsychologie betont den ganzheitlichen Charakter menschlichen Wahrnehmens, Erlebens und Handelns und definierte Gestaltgesetze. Sie muss von der Gestalttherapie unterschieden werden. Siehe Glossar: Gestaltpsychologie!

Die von Fritz Perls in der Gestalttherapie genutzte Untersuchungsmethode baut auf die phänomenologische Methode auf, die eine optimale Befreiung von Vorurteilen, dogmatischen Ansichten und Theorien sucht. Dieser phänomenologische Zugang in der Gestalttherapie erhielt mehr Gewicht in der deskriptiven Psychologie auf Kosten der naturwissenschaftlichen Psychologie. Deshalb werden in der Gestalttherapie die Psychoanalyse und die analytische Reflexion abgelehnt, die die Erfahrung der Welt zu rekonstruieren versucht.

In der analytischen Reflexion glaubt man, dass man die Ursache zu einem grundlegenden Faktor zurückverfolgen kann und somit im Inneren des Menschen „ankommen" kann. Aber dabei verliert das Denken die Verbindung zu seinem eigenen Anfang, dem eigenen Erlebnis. Die Realität muss beschrieben, nicht konstruiert oder geformt werden. Sie ist nicht ein Objekt, sondern ein Hintergrund und ein Feld (Hostrup, 1999: 88).

Freuds Psychoanalyse fasst Neurosen als einen Ausdruck des konstanten Konflikts zwischen der Person und seiner Umwelt auf. Nach Auffassung der Gestalttherapie entstehen dann Neurosen, wenn das Individuum nicht in der Lage ist, sein Verhalten und seine Interaktionsformen adäquat zu ändern. Dies erfolgt immer dann, wenn das Verhalten sich auf feste Muster fixiert und dabei immer weniger das Überlebensbedürfnis und die sozialen Bedürfnisse aufrechterhalten kann. Sowohl Person als auch Umwelt sind Elemente in einem Feld, und keines der Elemente kann allein verantwortlich gemacht werden.

„Eine Gemeinschaft, eine große Anzahl von neurotischen Individuen, muss eine neurotische Gemeinschaft sein; eine große Anzahl dieser Individuen, die in einer neurotischen Gemeinschaft leben, müssen neurotisch sein. Der Mensch, der in fürsorglichem Kontakt mit seiner Gemeinschaft leben kann und weder von ihr verschluckt wird, noch sich von ihr zurückzieht, ist ein wohl integrierter Mensch" (Perls, 1978: 35).

Wieder wird eine ganzheitliche Sicht als analytisches Modell herangezogen. So werden neurotische Störungen als fehlende Fähigkeit des Einzelnen angesehen. Als Mechanismen, welche die Balance zwischen sich selbst und der Umwelt herzustellen und festzuhalten versuchen. Eine Verletzung der sozialen Grenze des Individuums führt deshalb zur Verteidigung in Form einer Neurose. Grundsätzlich nimmt die Gestalttherapie an, dass infolge traumatischer Erlebnisse sich Neurosen als Verteidigungsmechanismen entwickeln, als Schutz gegen die Zudringlichkeit der Umwelt.

In diesem Zusammenhang werden die Begriffe Introjektion, Projektion, Konfluenz und Retroflektion für Störungen im psychischen Assimilationsprozess verwendet. Perls fasst diese neurotischen Abwehrmechanismen folgendermaßen zusammen: "Der Introjektor macht, was andere gerne möchten, dass er es macht; der Projektor macht gegenüber anderen, wofür er sie anklagt, gegen ihn selbst zu machen; der Mensch in einer pathologischen Konfluenz weiß nicht, wer gegen wen was macht; und der Retroflektor macht gegen sich selbst, was er gerne gegen andere machen würde" (Ibid.: 48).

Die Gestalttherapie sieht sich selbst als eine „Hier und Jetzt" –Therapie. Das bedeutet, dass der Klient aufgefordert wird, seine Probleme erneut zu erleben - als wäre das Trauma hier und jetzt gegenwärtig. Klienten, die mit der Vergangenheit abschließen wollen, können das nur in der Gegenwart. Wenn das Problem tatsächlich in der Vergangenheit wäre, könnte es im Hier und Jetzt nicht gegenwärtig sein. Ein solcher Fokus setzt Bewusstsein voraus, was mehr ist als Aufmerksamkeit. Bewusstsein bedeutet, „dass der Organismus sich in einem Zustand der „Wachheit" befindet, die den Menschen dazu befähigen, „ein Phänomen zu fokussieren..." (Hostrup, 1999: 99).

Vereinfacht ausgedrückt wird in der Gestalttherapie durch ein „Hineingehen und bewusstes Nacherleben" der traumatischen bzw. das Problem verursachenden Situation im „Hier und Jetzt" eine Neubewertung möglich. Dadurch soll das neurotische Vermeidungsmuster aufgedeckt und durch die neue Erfahrung verändert werden.

3.2 Virginia Satir und Beziehungssysteme

Virginia Satir (1916 -1988) wuchs in einem ländlichen Distrikt in Wisconsin, USA auf. Sie war eine der größten Pioniere der Familientherapie. Ihr fachlicher Hintergrund war eine Ausbildung zur Lehrerin an der University of Wisconsin-Milwaukee und ein Masterabschluss (MA) in Sozialwissenschaft an der University of Chicago. Sie arbeitete mit Familien am „Illinois Psychiatric Institute“. In Californien wirkte sie 1962 als Mitgründerin der Mental Research Institute (MRI) in Palo Alto, zusammen mit Gregory Bateson. Sie erwarb mehrere Doktortitel, u.a. von der University of Wisconsin-Madison (Sozialwissenschft) und Professional School of Psychology (Psychologie).

Virginia Satir verfügte über ein umfangreiches soziales Netzwerk.1964 kam sie in Kontakt mit dem Esalen Institute, Big Sur. Dort diskutierte sie ihren Ansatz mit Perls und verschiedenen anderen Therapeuten. Hier entfaltete und entwickelte sie ihre Ideen und Programme über das menschliche Potenzial. „The Satir Model" enthält theoretische Elemente, und es beschreibt ihre Gedankenkonstruktionen, Suchprozesse und Interventionsformen. Das Modell zielt nicht auf Behandlungen im psychopathologischen Bereich ab.

Satirs Grundgedanke war, dass das vorgestellte Problem selten das reale Problem ist, aber durch die zur Lösung gewählten Handlungen zum geschaffenen Problem wurde. Ihr Standpunkt war, dass das fehlende Selbstvertrauen des Individuums relativ häufig das wesentliche Problem sei. In den 45er Jahren, in denen sie als Psychotherapeutin und Dozentin praktizierte, schaffte sie einige grundlegende therapeutische Überzeugungen, die in ihr Modell und in NLP einflossen.

Virginia Satir betrachtete die Familie als ein System, und die erste systemische Triade definierte sie als Mutter, Vater und Kind, wobei das Kind gleichzeitig Makler und Agent für den Wandel ist. Sie fasst die menschliche Natur als eine Kombination von Einheitlichkeit und Vielfalt auf und postulierte, dass wir alle die gleiche Lebenskraft haben. Damit meinte sie die innere Kraft, die das Ziel hat, den ganzen Menschen zu erschaffen und die das ganze Leben hindurch unsere Physik (unseren Körper), Emotion und Spiritualität weiterentwickelt.

Vor diesem Entwicklungshintergrund zieht sie den Schluss, dass das Leben nicht nur eine Frage des Selbstwertgefühls ist, sondern wie wir es manifestieren. Denn es steckt in jedem Einzelnen und kämpft immer um Anerkennung und Wertschätzung (Satir, 1991).

Aus dem Bestreben nach Anerkennung, durch die inhärente Lebenskraft und das Selbstwertgefühl entsteht die nächste Triade, nämlich Selbst, Andere und Kontext.

"All our relationships – in families, with friends and lovers, in business, and so on – are based on love and trust. When an event raises the question of whether that love and trust really exist, we activate our survival responses. Underneath the question of survival are usually the beliefs that others are in charge of our lives, that we could not cope without them, and that they define us" (Ibid.: 23).

Wenn das Individuum lernt, sich selbst zu akzeptieren, kann die Person sich mit anderen in Verbindung setzen. Das schließt ein, dass wir mit einem Anderen oder von einem anderen Ausgangspunkt mit unserem eigenen Selbst kommunizieren können.

Die Verbindung zum Existentialismus wird deutlich durch die folgende Erklärung der Freiheit:

- The freedom to see and hear what is here, instead of what should be, was or will be.
- The freedom to say what you feel and think, instead of what you should.
- The freedom to feel what you feel, instead of what you ought.
- The freedom to ask for what you want, instead of always waiting for permission.
- The freedom to take risks on your own behalf, instead of choosing to only "secure" and not rocking the boat (Ibid.: 62).

Die Freiheit schafft Platz für den freien Willen und platziert die Verantwortung für das eigene Handeln bei jedem Selbst. Satir hat eine weiter gefasste Theorie für die Entwicklung des ganzheitlichen Menschen. Sie nennt den Zustand „Werden und Bleiben“, die passende Wahl. Die Kongruenz ist ein

Satir's therapeutic beliefs

1. Change is possible. Even if external change is limited, internal change is possible.
2. Parents do the best they can at any given time.
3. We all have the internal resources we need to cope successfully and to grow.
4. We have choices, especially in terms of responding to stress instead of reacting to situations.
5. Therapy needs to focus on health and possibilities instead of pathology.
6. Hope is a significant component or ingredient for change.
7. People connect on basis of being similar and grow on the basis of being different.
8. A major goal of therapy is to become our own choice makers.
9. We are all manifestations on the same life force.
10. Most people choose familiarity over comfort.
11. The problem is not the problem; coping is the problem.
12. Feelings belong to us. We are all them.
13. People are basically good. To connect with and validate their own self-worth, they need to find their own inner treasure.
14. Parents often repeat the familiar patterns their growing up times, even if the patterns are dysfunctional
15. We cannot change past events, only the effects they have on us.
16. Appreciating and accepting the past increases our ability to manage our present.
17. One goal in moving toward wholeness is to accept our parental figures as people and meet them at their level of personhood rather than only in their roles.
18. Coping is the manifestation of our level of self-worth. The higher our self-worth, the more wholesome our coping.
19. Human processes are universal and therefore occur in different settings, cultures, and circumstances.
20. Process is the avenue of change. Content forms the context in which change can take place.

Virginia Satir, "The Satir Model – Family Therapy and Beyond", 1991: 16 - 17

Zustand des Werdens und gleichzeitig eine Form des Kommunizierens mit sich selbst und anderen. Selbstwertgefühl und Kongruenz sind die beiden wesentlichsten Elemente eines voll funktionsfähigen Individuums.

Kongruenz schließt Anerkennung der eigenen Einzigartigkeit (uniqueness) ein. Es setzt des Weiteren eine freie Energie sowohl in persönlicher, als auch in interpersoneller Beziehung voraus. Ebenso setzt sie Vertrauen zu sich selbst und anderen voraus, Risikobereitschaft und das Nutzen eigener Ressourcen sowie Flexibilität und die Bereitschaft für Veränderungen (Satir, 1991: 66).

Das Motiv für Kongruenzverhalten liegt nicht in dem Wunsch über andere zu siegen, andere zu kontrollieren oder sich selbst zu verteidigen. Kongruenz als Zustand zu wählen, bedeutet die Entscheidung, man selbst zu sein und Kontakt zu anderen aufzubauen. Die Wahl für eine Reaktion aus der eigenen kongruenten Position verstärkt die Aufmerksamkeit (awareness) auf den aktuellen Kontext und hat nichts mit Höflichkeit oder einem positiven Zustand zu tun. Kongruent zu kommunizieren, bedeutet in der Praxis, Übereinstimmung zwischen Körpersprache, Tonalität und Linguistik zu erreichen. Die übereinstimmende, kongruente Kommunikation verbindet dabei Gedanken, Gefühle und Verhaltensweisen und folgt dem gleichen Weg. Ein kongruentes Verhalten und ein kongruentes Zusammenspiel mit anderen kann durch Beobachtung beurteilt werden, und die kommunizierenden Partner haben bewusst oder unbewusst ein Gefühl dafür, ob das Gespräch kongruent oder inkongruent ist (Hansen, 1999: 48).

Mit dem Fokus auf das Selbstwertgefühl und die Kongruenz baut Satir die Voraussetzungen für Veränderungsprozesse auf ("The Process of Change"). "Change is basically an internal shift that in turn brings about external change" (Satir, 1999: 85).

Veränderungen beginnen also von innen und verursachen damit als Folge äußere Veränderung. Es war wichtig für Satir, auf die bisherigen, bereits existierenden Erfahrungen der Personen zu bauen, ohne sie als ausgediente Strategien zu verwerfen. Im Gegensatz zu dem psychoanalytischen Weg, wo Gefühle immer im Bezug zu früheren Erfahrungen stehen, bat Satir ihre Klienten, eigene Gefühle anzuerkennen, sie auszudrücken und zu entscheiden, ob sie zukünftig nach diesen handeln wollen. Sie meinte, dass Gefühle vorzugsweise auf frühere Erfahrungen basieren und dass sie kulturell bedingt sind.

Satir betrachtete Menschen als „facettenreich", da wir aus vielen verschiedenen Persönlichkeitsanteilen bestehen, mit denen man arbeiten kann. Die Konsequenz daraus sind viele Möglichkeiten des Handelns, da alle unsere Teile Ressourcen enthalten, welche unsere Ganzheit unterstützen können. Normalerweise teilt das Individuum diese in gute und schlechte Anteile ein. Diese Einteilung hat den Vorteil, die schlechten durch Verzerrungen, Verweigerungen loswerden zu können, z.B. indem man sie einfach ignoriert. Dieses „Verstecken", meinte Satir, behindert das Wachsen der Persönlichkeit und die Möglichkeit einer Ausweitung der Bedingungen, da alle Persönlichkeitsanteile immer anwesend sind.

Innere Konflikte zwischen den guten und schlechten Anteilen/Ressourcen existieren. Um zwischen ihnen zu unterscheiden, gibt es einen inneren Richter, der bestimmt, was die Person nicht tun soll oder tun sollte. Der Richter und die Schuld gehen Seite an Seite, und dieses Phänomen schränkt den Einzelnen ein.

Auch eine von Satirs grundlegenden Annahmen ist, dass Schmerzen, Unbehagen und Schwierigkeiten im Kontakt mit anderen in Wirklichkeit eine Einladung sind, neue Meisterstrategien zu lernen.

Im engeren Sinne bedeutet dies, im Verhältnis zu anderen, in Dialogen, Emotionen und Verhalten, die inneren positiven Ressourcen der Person für ein besseres Selbstwertgefühl zu aktivieren und im Weiteren Sinne bedeutet es, einen kongruenten Kontakt zu anderen zu schaffen, indem das reale Bedürfnis der Person zum Ausdruck kommt.

Virginia Satir fokussierte auf Lösungen, positive Absicht im Verhalten und auf Wahlmöglichkeiten. Siehe Glossar: Muster in Satirs Arbeit!

Über Satirs Interventionsmethoden hinaus war es in erster Linie ihre besondere Fähigkeit, Kontakt und Vertrauen aufzubauen, die ihr viel Anerkennung verschafft haben. Sie konnte Kontakt und Vertrauen zu einer Person aufbauen und gleichzeitig zu mehreren. Ihre Sprachmuster, Körpersprache und Tonalität waren exzellent und hatten eine starke Wirkung auf Menschen.

3.3 Milton H. Erickson und der Kontakt zum Unbewussten

Erickson (1901 - 1980) wurde in Nevada geboren und wuchs in Wisconsin, USA auf. Als Siebzehnjähriger erkrankte er an Kinderlähmung, die ihn für das ganze Leben prägte und begleitete. Er erlebte einen Zustand, den er später als die „Selbsthypnotische Erfahrung" ("the auto hypnotic experience") bezeichnete. Vom Krankenbett aus beschäftigte er sich damit, die Menschen, die ihn umgaben, zu "studieren." Ihm fiel z.B. auf, dass Personen, die häufig ja oder nein sagten, mit ihrer Körpersprache häufig das Gegenteil signalisierten (Inkongruenz).

Erickson studierte Medizin und sein Interesse für Psychiatrie führte dazu, dass er parallel zu seinem Beruf als Arzt auch den Masterabschluss in Psychologie erwarb. Er arbeitete an diversen Universitäten und Krankenhäusern, bevor er 1948 nach Phoenix, Arizona umzog, wo er seine Privatpraxis etablierte.

Aufgrund von starken, körperlichen Schmerzen entwickelte er selbsthypnotische Techniken zur Ablenkung und Schmerzlinderung. Er berichtete, dass es jeden Morgen etwa eine Stunde dauerte, schmerzfrei zu werden (Haley, 1973: 11).

Anfang der 50er Jahre wurde Erickson von Gregory Bateson engagiert, um im Bereich „Kommunikation" zu forschen. Erickson wurde bekannt für seinen kreativen und lösungsorientierten Zugang zum Unbewussten. Er entwickelte eine große Menge therapeutischer Metaphern und Geschichten, die er mit hypnotischen Techniken verband. Er sah keinen Bedarf für viele Sitzungen und deshalb entstand die Bezeichnung Kurzzeittherapie.

Milton H. Erickson gilt als der größte Hypnotherapeut des letzten Jahrhunderts, der sich mit seiner Ericksonschen Hypnose einen Namen gemacht hat. Von den 50er Jahren bis zu seinem Tode 1980 beeinflussten seine Arbeitsmethoden viele Psychotherapeuten, darunter Virginia Satir, Jay Haley und auch die Begründer des NLP, Richard Bandler und John

Grinder. Erickson war eng befreundet mit Gregory Bateson und sie arbeiteten gemeinsam an dem Phänomen der paradoxen Kommunikation (double-bind theory).

Ericksons Vermutung war, dass es möglich ist, das Unbewusste als Phänomen zu konzeptualisieren und vom Bewusstsein zu trennen. Indem man das Unbewusste vom Bewussten separiert, kann man dem Unbewussten besondere Aufmerksamkeit schenken und auf diese Art dem Bewusstsein neue Möglichkeiten zum Lernen und für Entwicklungen bieten.

Eine der zentralen Strategien, die Erickson anwendete, wird "pacing and leading" genannt. Die Voraussetzung zur Anwendung dieser Technik ist, dass der Therapeut nach Aufbau eines guten Kontaktes durch Angleichen oder Spiegeln anfänglich das Modell der Welt des Klienten annimmt. Er fühlt sich in den Klienten ein und passt sich im Tempo, Richtung und Denkweise dem Klienten an. So sollen dessen Handlungslogiken nachvollzogen werden und auch Vertrauen und Kontakt geschaffen (rapport) werden. Dann führt er den Klienten in eine neue Richtung, um seine Erfahrungen in einer brauchbareren Weise besser zu organisieren.

Erickson konnte dem Klienten so typischerweise vorschlagen, mit den problematischen Symptom auf "eine befriedigendere" oder vielleicht "noch bessere" Art fortzufahren. Danach setzte er das Symptom typischerweise in einen neuen Bezugsrahmen, um darzulegen, dass eine positive Absicht hinter dem Symptom steht und gab dem Symptom so eine neue Bedeutung (reframing). Durch diese Wahrnehmungsveränderung der Symptome eröffnete er ein anderes Verständnis für Symptome (pacing) und ebnete den Weg für Hoffnung und Erfahrung von Wahlmöglichkeiten für eine neues Verhalten und anderes Identitätsverständnis (leading).

Ericksons Techniken beruhen auf der Überzeugung, dass es möglich ist, Symptome zu kontrollieren, so dass diese in Intensität und Dauer variiert werden und sogar ganz verschwinden können. Anstatt Symptome zu bekämpfen, wird der Klient aufgefordert neue Verhaltensstrategien zu entwickeln, die passender und befriedigender für den Klienten sind (Dilts & DeLozier, 2000: 370).

Ericksons Interventionsformen sind stark geprägt von empirischen Erkenntnissen, die zu Beginn vorzugsweise aus seinen eigenen Erfahrungen gewonnen wurden und dann aus der Arbeit mit Klienten abgeleitet wurden. Daher ist es schwierig, seine metatheoretischen Prinzipien zu beschreiben, die seine psychotherapeutischen Arbeiten steuerten. Jay Haley, der im Auftrag von Gregory Bateson von 1953 - 1979 Milton H. Erickson und seine Techniken studierte, kategorisiert Ericksons Therapieform als strategische Therapie.

"Therapy can be called strategic if the clinician initiates what happens during the therapy and designs a particular approach for each problem. When a therapist and a person with a problem encounter each other, the action that takes place is determined by both of them, but in strategic therapy, the initiative is largely taken by the therapist. He must identify solvable problems, set goals, design interventions to achieve those goals, examine the responses he receives to correct his approach, and ultimately examine the outcome of his therapy to see if it has been effective" (Haley, 1973: 17).

Diese Therapieform ist das direkte Gegenteil der psychoanalytischen Methode, in der die Initiative vom Klienten ausgeht. Haley macht darauf aufmerksam, dass strategische Psychotherapie nicht auf eine bestimmte Theorie aufbaut, sondern lediglich Ausdruck der Tatsache ist, dass der Psychotherapeut die Verantwortung für eine direkte Auswirkung auf den Klienten übernimmt.

Es hat schon immer viele Mythen und Vorurteile über Hypnose gegeben. Für Milton H. Erickson und die strategische Psychotherapie hat Hypnose generell das Ziel, das Verhalten des Klienten zu ändern, so dass er neue Möglichkeiten des Denkens, des Fühlens und des Handelns erwirbt. (Haley, 1973: 21).

Ericksons grundlegende Annahme basiert auf der Überzeugung, dass das Unbewusste immer zuhört und dass der Klient unabhängig vom Bewusstseinszustand für Anregungen offen ist, solange diese Anregungen eine Resonanz auf der unbewussten Ebene haben. Er beachtete die Reaktion auf die direkte Suggestion und beteiligte gleichzeitig das Unterbewusstsein aktiv am therapeutischen Prozess. Obwohl es wie ein normales Gespräch aussah, konnte er einen Trancezustand oder eine Änderung im Thema induzieren. Trance ist für Erickson ein natürlicher Zustand der Introspektion, wobei der Fokus von den äußeren zu den inneren Aktivitäten wechselt. Einige sprechen von Abwesenheit, Tagträumerei oder davon, dass die Person sich geistig an einem anderen Ort befindet. Der Zustand entsteht häufig auf natürliche Weise. Wenn Menschen in einer Warteschlange oder an einer Bus- Haltestelle stehen, bemerken wir häufig selbst nicht, wenn wir uns in diesem Trancezustand befinden.

Erickson fand viele Gründe dafür, dass der Trancezustand für eine psychotherapeutische Intervention ideal ist. Die Kommunikation kann relativ unbehindert das Bewusstsein passieren und direkt in Kontakt zum Unterbewusstsein treten.

"The discovery that "double takes" were perceptions at two different levels of understanding, often based upon totally different experiential associations, opened a new field of observations... Also it became apparent that there were multiple levels of perception and response, not all of which were necessarily at the usual or conscious level of awareness but were at levels of understanding not recognized by the self, often popularly described as "instinctive" or intuitive" (Bandler & Grinder, 1975b: vii/preface).

Bandler und Grinder glauben, dass Ericksons intuitives Verständnis der Wahrnehmung durch die neuropsychologische Forschung untermauert zu sein scheint. Insbesondere bei „Split-Brain-Patienten" hat man festgestellt, dass die beiden Gehirnhemisphären zwei unterschiedliche Funktionen haben. "Erickson's behavior in hypnosis seems to demonstrate an intuitive understanding of these differences" (Ibid.: 12).

Ericksons übergeordnete Strategie ist auf die folgenden drei Dimensionen aufgebaut:

- Guten Kontakt etablieren (pacing) und Ablenkung von der domi nanten Hemisphäre (Sprache) erreichen.
- Die dominierende Hemisphäre nutzen (Sprachgebrauch, auf dem Niveau unter der Aufmerksamkeit).
- Zugriff auf die nicht-dominanten Hemisphäre bekommen.

Die Voraussetzung für den erfolgreichen Einsatz von Ericksons Interventionsformen ist zunächst die Anerkennung der Weltanschauung des Klienten. Denn nur wenn der Klient sich verstanden fühlt und Vertrauen zum Therapeuten hat, bekommt dieser die Erlaubnis die Wahrnehmung und die problematischen Strategien des Klienten zu beeinflussen.

Milton H. Erickson ist dafür bekannt, dass er als Interventionsform das Erzählen von aussagekräftigen Metaphern anwandte und damit gute Ergebnisse erzielte. Man nimmt an, dass nicht allein seine hypnotischen Techniken für den Erfolg verantwortlich waren, sondern insbesondere die Art und Weise, wie sie von ihm angewendet wurden.

3.4 Gregory Bateson und die Kybernetik

Gregory Bateson (1904 - 1980) wurde in England geboren. Er studierte an der Cambridge University erst Biologie und später Anthropologie. Bateson nahm an vielen Feldstudien teil, u.a. auf Bali und Neu Guinea, wo er auch seine erste Frau kennenlernte. Es war die Kulturantropologin Margaret Mead, die auf seine wissenschaftlichen Arbeiten und sein umfassendes Netzwerk an Kontakten und Informationen großen Einfluss hatte.

Viele Jahre arbeitete er als Dozent an der Universität in Sydney, Cambridge und zuletzt in den USA an der UCSC. Bateson hat über die Jahre viele Kollegen und Studenten beeinflusst. Er forschte zu den Themen Kommunikationstheorie und Schizophrenie (doubelbinds), Kybernetik und der Beziehung von Geist und Natur.

1937 reiste er in die USA, wo er 1956 US-Staatsbürger wurde. In Palo Alto etablierte Bateson eine Forschergruppe, die u.a. aus Jay Haley, Donald Jackson und John H. Weakland bestand. Ihr Forschungsinteresse waren Schizophrenie und Familientherapie, was zur Entwicklung der systemischen Therapie (Milano- Schule), strategische Therapie (Jay Haley) und NLP (Bandler und Grinder) führte.

Batesons akademische Reichweite geht von den Naturwissenschaften über Anthropologie, systemische Theorie, Psychiatrie bis hin zur Psychologie. Auf der Suche nach generellen Gesetzmäßigkeiten sah er das einzelne Fach als Einschränkung und suchte quer durch alle wissenschaftlichen Disziplinen nach Gemeinsamkeiten: "... we must look for the same sort of processes in all fields of natural phenomena – that we might expect to find the same sort of laws at work in the structure of a crystal as in the structure of society, or that the segmentation of an earthworm might really be comparable to the process by which basalt pillars are formed" (Bateson in Dilts & DeLozier, 2005: 91).

Gregory Bateson verstand sich selbst als fachübergreifenden Denker und lehnte die Vorstellung ab, dass Menschen als alleiniges Kulturergebnis oder als reines Produkt ihrer Gene zu verstehen seien. Er widersprach René Descartes' Trennung von Geist und Materie und führte erstmals systemtheoretische und kybernetische Denkansätze in die Sozial- und Humanwissenschaften ein. Siehe Glossar: Bateson!

Ausgehend von Korzybskis Lehrsatz "the map is not the territory" und inspiriert von dem Begriff der „Logischen Arten" des englischen Philosoph Bertrand Russells, beschreibt er das subjektive Feld: „Die Karte ist nicht die Landschaft und der Name deckt nicht die Wirklichkeit ab. Erfahrungen sind subjektiv. Dies ist nur die simple Folge eines Zustands: Unsere Gehirne produzieren Bilder, die wir glauben wahrzunehmen (Bateson, 1979: 18).

Alle Wahrnehmungen haben einen bildgebenden Charakter. Die Bildgebung entsteht durch unbewusste Prozesse, bei denen die Sinnesorgane, die eine Handlung aufnehmen, Informationen zu einem Bild selektieren und zusammenfügen, welches die Person meint, wahrzunehmen, zu fühlen, zu schmecken oder zu hören. Von diesem Zustand lassen sich zwei Tatsachen ableiten:

- Das Individuum, das bewusst wahrnimmt, ist sich des Prozesses, der das Bild entstehen lässt, nicht bewusst.
- Das Individuum nutzt in diesen unbewussten Prozessen eine ganze Reihe von Voranahmen, die in das fertige Bild eingebaut werden.

Diese Erkenntnisse stehen nach Bateson am Anfang einer empirischen Epistemologie (Bateson, 1991: 20).

Die Prozesse der Wahrnehmung sind also unbewusst und nur die Produkte der Wahrnehmung sind bewusst. Bateson argumentiert für die Bildgebung dieser Art: "Tritt mir jemand auf die Füße, erlebe ich nicht, dass er mir auf die Füße tritt. Mein Bild davon, dass er mir auf die Füße tritt, rekonstruiert sich auf der Grundlage von Nervenimpulsen, die mein Gehirn wahrnimmt, kurz nach dem sein Fuß auf meinem landet. Erlebnisse der Umwelt werden immer durch entsprechende Sinnesorgane und Nervenbahnen übersetzt. In diesem Sinne sind Tatsachen etwas, was ich schaffe und meine Erlebnisse dieser Tatsachen sind subjektiv, nicht objektiv. Es ist mittlerweile keine Banalität anzumerken, dass nur wenige Personen, am wenigsten in der westlichen Kultur, die Objektivität von Sinnesdaten wie Schmerzen oder ihre visuellen Bilder der Umwelt bezweifeln. Unsere Zivilisation basiert entscheidend auf dieser Illusion." (Ibid.: 19).

Die Konsequenz dieser Behauptungen ist, dass der einzelne für Erlebnisse verantwortlich gemacht werden muss, die aus Repräsentationen externer Aktivitäten und Handlungen geformt werden. Im Prinzip ist alles subjektiv.

Gregory Batesons Interesse für kybernetische Theorie führt er u.a. auf den Mathematiker Norbert Wiener zurück. Der ursprüngliche Ausgangspunkt der Kybernetik waren Studien über Kontrolle und Kommunikation bei Tier, Mensch, Maschine und Organisationen. Die Grundprämisse für Kybernetik ist das Feedback als das essentielle Element in der Steuerung des Verhaltens im System.

Das ursprüngliche Konzept für die Kybernetik wurde im 2. Weltkrieg für die Waffenforschung entwickelt, mit der man über Feedbackmechanismen die Flak und Luftabwehrraketen zum perfekten Funktionieren bringen wollte. Wiener wandte nach dem Krieg die Feedbackelemente im menschlichen Zusammenhang an, indem er die vielen Möglichkeiten beschrieb, mit denen Organismen ihr Verhalten korrigieren – als Reaktion auf ein Feedback. Kybernetik zog Psychologen und Psychiater an, weil Wiener demonstrierte, dass diese Theorie zur Analyse des menschlichen Nervensystems exzellent geeignet war. Im Abschnitt 4.3 werden die Zusammenhänge zwischen Kybernetik und NLP vertieft.

Norbert Wiener gilt als Mitbegründer der Kybernetik. Er war optimistisch zukünftig mit Hilfe der Kybernetik sowie neuen Techniken, Steuerungen für Prothesen und Sinnesorgane herstellen zu können. Ein Eingreifen in gesellschaftliche Prozesse hielt er für unrealistisch. Siehe Glossar: Norbert Wiener!

Im Bereich der Psychiatrie und Psychotherapie wandte sich Gregory Bateson der Schizophrenie zu: Dabei beschäftigte er sich besonders mit „Doublebinds." Ein Doublebind wird dadurch charakterisiert, dass es unabhängig davon, wie gehandelt wird, keine zufrieden stellende Lösung gibt. Die Struktur von Doublebinds ist so beschaffen: „Wenn du dich gegen Verhalten A entscheidest, wirst du nicht überleben bzw. es wird dir nicht gut ergehen. Aber wenn du dich für Verhalten A entscheidest, wirst du auch nicht überleben bzw. es wird dir ebenfalls nicht gut ergehen."

Diese Lebenssituation entsteht vielfach im alltäglichen Leben, in dem das Individuum plötzlich in ein Doublebind-Dilemma gerät. "Willst du vor oder nach dem Abendessen spülen?" Diese Formulierung setzt voraus, dass das Geschirrspülen erledigt werden muss. Machtkämpfe spitzen sich häufig mit Doublebind-Elementen zu. Im Konflikt versucht eine Partei einer anderen, Schaden zuzufügen, schädigt sich dabei aber selbst.

Batesons weist daraufhin, dass im psychiatrisch-psychotherapeutischen Umfeld und in Krankenhäusern häufig Doublebinds geschaffen werden, wobei den Klienten gegenüber behauptet wird, es werde stets in seinem Sinne und zu seinen Gunsten gehandelt. Dabei ist das System zu seinem eigenen Nutzen, den Interessen der Einrichtung, organisiert. Der Klient wird nicht unterstützt, sich gegen Übergriffe oder gegen Gewalt zu wehren oder seine Emotionen zum Ausdruck zu bringen. Es kommt auch - versehentlich - vor, dass der Psychotherapeut dem Klienten Doublebind-Elemente auferlegt, die ihn zwingen anders zu reagieren, als er es gewohnt ist.

Double-Bind:

Gregory untersuchte Paradoxien in der Kommunikation und veröffentlichte 1956 die „Double–Bind-Hypothese." Double-Bind (Doppelbindung) beschreibt eine Situation, in der ein Kind mit einer widersprüchlichen Informationssituation konfrontiert wird. Das Kind wird in eine Situation der inneren Zerrissenheit gebracht, weil die verbalen Signale der Sprache und die non-verbalen Signale des Körpers nicht übereinstimmen und das Kind daher nicht erkennen kann, wie es reagieren soll. Nach Bateson können die Folgen häufig erlebter Double-Bind-Situationen von Entziehen in eine Fantasiewelt bis hin zur Schizophrenie (Persönlichkeitsspaltung) reichen.

"Als Bedingungen für die Entstehung einer Double-Bind-Situation lassen sich in Anlehnung an Bateson u. a. und Watzlawick u. a. (1967, dt. 1969) folgende Charakteristika angeben:

1. Mindestens zwei Personen haben eine intensive Beziehung zueinander, die für einen oder alle von ihnen physisch und/oder psychisch lebenswichtig ist. In einer solchen Beziehung stehen etwa Eltern und Kinder, Arzt und Patient, bisweilen auch Lehrer und Schüler.
2. Gegenüber einer der beteiligten Personen, dem «Opfer», wird eine Mitteilung gemacht, die zumeist zu einer Handlung oder einem Verhalten auffordert, verbunden mit einer Strafandrohung.
3. Eine zweite Mitteilung an das Opfer steht zu der ersten in unauflösbarem Widerspruch und wird ebenfalls durch physisch oder psychisch äußerst bedrohliche Strafen durchgesetzt. Diese Mitteilung erfolgt auf einer abstrakteren Ebene, zumeist averbal (durch Stimmlage, Mimik, Gestik usw.), gelegentlich auch verbal («Denk nicht immer an das, was dir verboten ist!»).
4. Das Opfer hat nicht die Möglichkeit (auf Grund der engen Beziehung und der angedrohten Strafe), sich den widersprüchlichen Handlungsaufforderungen zu widersetzen: Es kann sich weder aus der Beziehung zurückziehen und das Feld räumen, noch kann es die beiden Aufforderungen metakommunikativ kritisieren und den bestehenden Widerspruch thematisieren."

Zitiert aus dem Online-Lehrbuch: http://www.medpsych.uni-freiburg.de/OL/body_07_04.ht Ralph I. Schaefer, Matthias Goos, Sebastian Goeppert der Albert-Ludwigs-Universität Freiburg, Abteilung für Medizinische Psychologie

3.5 Noam Chomsky und die sprachliche Struktur

Noam Chomsky (Jahrgang 1928) wurde in der Nähe von Philadelphia, Pennsylvania, USA, geboren. Er studierte Philosophie und Linguistik an der University of Pennsylvania, wo er ebenfalls einen Doktorgrad in Linguistik erwarb. Sein Forschungsbereich war die kontextfreie Grammatik und die syntaktischen Strukturen. Er setzte seine Forschungen an der Havard University fort.

Chomsky wird häufig als der Sieger im Kampf gegen den radikalen Behaviorismus von B.F. Skinner betrachtet. Er kritisierte Skinner, weil er einen unvollständigen Verständnisrahmen für das Erlernen der Sprache bei Kindern lieferte (Karpatschof & Katzenelson, 2007: 226).

Chomsky bemängelte, dass die sprachlichen Reize bei der Entwicklung der Sprache, bei den „Behavioristen“ keine Rolle spielen. Chomskys Kritik hatte großen Einfluss auf die kognitive Psychologie. Er richtete sich gegen die Auffassung, dass die Reizverarbeitung und Handlungsmuster des Individuums alleine von einer gegebenen Reiz-Reaktionskette vorhergesagt werden konnten. Chomsky kritisierte den Behaviorismus, ein zu reduziertes und vereinfachtes Bild vom Menschen zu schaffen.

George A. Miller bemerkte: " As Chomsky remarked, defining psychology as the science of behavior was like defining physics as the science of meter reading. If scientific psychology were to succeed, mentalistic concepts would have to integrate and explain the behavioral data" (Miller, 2003: 142).

Eine grundlegende Hypothese von Chomskys ist, dass Kinder eine angeborene basale grammatikalische Struktur haben - universale Grammatik genannt, die für alle Sprachen gültig ist. Selbst mit einer begrenzten Anzahl von Grammatikregeln kann der Mensch eine unendliche Anzahl von Sätzen und auch unausgesprochenen Sätzen bilden. Nach Chomskys Auffassung benötigt ein Kind zum Erlernen einer Sprache, nur einen kleinen - ausreichend großen - Wortschatz. Da die Grundstruktur bereits angelegt ist, erfolgt das Erlernen einer Sprache mit hohem Tempo und großer Präzision durch grammatische Morpheme (das kleinste sprachliche Element, das eine sinnvolle Funktion hat), durch das Sammeln von Wörtern und Redewendungen.

"There is no serious doubt that humans are genetically programmed for human language. The only serious question is: what is the nature of that genetic endowment (sometimes called UG, Universal Grammar)?" (Siehe 11.0, eMails) Wie man erkennen kann, wurde sein früherer, sehr radikaler Ausgangspunkt (grammar) modifiziert (language).

Während seiner Erarbeitung der Theorie über die logische Struktur der Sprache (Linguistik) entstand 1957 der Begriff "Transformational Grammar". Seitdem hat er sich in der linguistischen Theorie und Forschung etabliert. "Transformational Grammar" kann als formelle Grammatik charakterisiert werden, die u.a. Aussagen darüber macht, wie Sequenzen von Wörtern eine Syntax haben und auch kontextfreie Sätze ausformen kann.

Als zentrales Theorem gilt Chomskys Unterscheidung zwischen zwei Strukturen der Sprache:

1. Tiefenstruktur (Deep Structure)
2. Oberflächenstruktur (Surface Structure).

In der Tiefenstruktur liegt der Bedeutungsinhalt, der Sinn der Sprache, der sich in der Regel nicht durch das Spezifische einer Sprache (Dänisch, Englisch, Chinesisch u.s.w.) ausdrückt. Chomsky erklärt, dass die Tiefenstruktur durch eine Reihe von Transformationen an der Oberflächenstruktur zum Ausdruck kommt, nachdem sie diverse Filter durchlaufen hat. So kann Sprache als ein formelles System grammatischer Satzkonstruktionen beschrieben werden, das folgende drei Elemente beinhaltet:

- Einen Wortschatz,
- eine Reihe von Grundsätzen,
- eine Reihe von Grammatikregeln (Wortstellung).

In der "Transformational Grammar" werden spezifische Variationen der Transformationen zum Ausdruck gebracht.

"Again, the purpose of the transformational model is to reflect the intuitions of native speakers of the language being considered. Chomsky pointed out that the rules of transformational grammar are related to linguistic structure or syntax of a verbal expression, as opposed to its content. Thus, it is possible to produce sentences that are syntactically correct, but semantically strange and even contradictory; as in Chomsky's famous example: "Colorless green dreams sleep furiously" (Dilts & DeLozier, 2000: 1474). Es war Noam Chomsky, der die Linguistik und die Psychologie miteinander verband. "Following Chomsky, American psychology's focus has shifted from an almost exclusive analysis of behavior back to the study of mental events. Also, the interaction between psychology and linguistics has strengthened with psychology's new cognitive focus. Currently, the study of figurative language (e.g., metaphor, analogy, irony), as pioneered by George Lakoff (1941 -), is an increasingly important area of collaboration between psychology and linguistics" (Thorne & Henley, 2001: 539).

Chomskys methatheoretischen Ausgangspunkte orientieren sich eng am Strukturalismus, seine Theorie "Transformational Grammar" beinhaltet die Kategorisierung von Tiefen- und Oberflächenstruktur, die tief im NLP verankert ist.

3.6 Alfred Korzybski - "The map is not the territory"

Alfred Korzybski (1879 – 1959) wurde in Warschau, Polen, geboren. Er machte sein Examen in Ingenieurwissenschaft und Mathematik an der Technischen Universität in Warschau. 1916 ging er über Kanada in die USA. 1933 wurde sein Hauptwerk "Science and Sanity" veröffentlicht.

Er erklärte, dass die Entwicklung des Menschen hauptsächlich das Ergebnis des flexiblen, menschlichen Nervensystems ist, welches in der Lage ist symbolische Repräsentationen oder geistige Landkarten (maps) zu erstellen und zu nutzen. Er betrachtete die Sprache als ein Instrument, ein Modell der Welt zu schaffen, welches die Möglichkeit bietet, eigene Erlebnisse zusammenzufassen, um sie anderen mitteilen zu können.

Diese menschliche Eigenschaft hebt uns von der Tierwelt ab und ist für das Zusammenleben ein großer Vorteil. Gleichzeitig ist dieser linguistische und kognitive Prozess aber auch für viele menschliche Probleme, Missbrauch und Missverständnisse verantwortlich. Korzybskis Hauptthese lautete deshalb, dass der Mensch im Umgang mit der Sprache trainiert werden muss, damit unnötige Konflikte und Verwirrung vermieden werden können.

Die Aussage: "the map is not the territory" - „die Landkarte ist nicht das Gebiet"- hat viele Theorien in ihrer Entstehung beeinflusst und all diese bauen auf Korzybskis These über die Individualität auf. Sie hebt hervor, dass weder zwei Personen, noch Situationen im Detail gleich sein können: "no two persons, or situations, or stages of processes are the same in all details" (Dilts & DeLozier, 2000: 577).

Gleichzeitig betont er, dass Menschen wenige Wörter und Konzepte als einzigartige Erfahrungen haben, die häufig zu Begriffsverwirrungen füh ren. Die Verwirrungen entstehen auf Grund der sprachlich generalisierten Charaktere.

Korzybski wies auf den Unterschied der sensorischen Erlebnisse und deren Schlussfolgerungen hin, die aus eigenen Erfahrungen entstehen. Diese Auffassung ist essentiell für NLP.

Korzybski zeigte, dass der Mensch in zwei Welten lebt: in der Welt der Sprache und der Symbole sowie in der realen Welt. Durch Sprache und Symbole orientiert sich der Mensch in seiner Landkarte der Wirklichkeit. Korzybski zeigte, dass das menschliche Gehirn allein auf die Abbildung der Wirklichkeit - auf die Landkarte - reagiert und die Wirklichkeit - das Gelände -, vollständig zu vergessen vermag. Korzybskis Arbeit beeinflusste die Pädagogik, die Gestalttherapie, die Rational Emotive Therapie (RET) und ist Grundlage des NLP (Neurolinguistische Programmieren).

1941 verwendete Korzybski zum ersten Mal das Wort „ neurolinguistics" als Begriff für den Bereich, der im Verhältnis zur generellen Semantik näher untersucht werden sollte. Man nimmt an, dass Bandler und Grinder durch Korzybskis Verwendung des Begriffes inspiriert wurden und mit dem Zusatz „Programmierung" versahen, als sie feststellten, dass sie eine neue Methode entwickelt hatten. Eine Methode, die sich auf die selbst programmierten Filter in der Tiefenstruktur des Individuums bezieht. Der Name Neuro-Linguistisches Programmieren war geboren.

Korzybskis Lehrsätze sind:

1. A map is not the territory.
2. A map does not represent all of a territory.
3. A map is self-reflexive in the sense that an ‚ideal' map would include a map of the map etc. indefinitely.

Zeitgleich mit der Begründung der semantischen Therapie entstand auch der Begriff „Hier-und-Jetzt"-Therapie, also lange vor der expliziten Formulierung des Existentialismus, auf den sich u.a. die Gestalttherapie, die systemische Therapie und NLP beziehen.

Häufig wird behauptet, dass Korzybskis theoretische Arbeit und Lehrsätze nicht nur die genannten Therapieformen inspiriert haben, sondern auch weltweit die Ideengrundlage für Scientology und die New-Age-Bewegungen geliefert haben. Die Konsequenz aus der Behauptung, dass der Einzelne sich seine eigene Landkarte erstellt, ist die, dass der Einzelne sein eigenes Modell der Wirklichkeit konstruiert und in Übereinstimmung mit dieser subjektiven Konstruktion lebt und urteilt.

"One of the basic philosophical tenets of neurolinguistic psychotherapy that unpinned the work of Erickson, Satir and Perls was that everyone lives in their own model of the world. This forms the basis of constructivism" (Wake, Lisa, 2008: 4).

3.7 Andere Inspirationsquellen

Albert Bandura (Jahrgang 1925) in Kanada geboren, erwarb einen M.A. und Ph.D. an der University of Iowa, USA. Er hat seit 1953 enge Verbindung zur Stanford University. Sein Erklärungsmodell ist die "Social Learning Theory," mit dem Ziel soziales Verhalten zu modellieren. Soziales Lernen geht in die Zeit der Behavioristen zurück. Besonders Edward Tolman und George A. Miller, die kognitive Landkarten in ihren Versionen von Behaviorismus einschlossen, scheinen Bandura inspiriert zu haben.

Albert Bandura nimmt die Kritik am Behaviorismus auf und verwendet statt der behavioristischen Lernprinzipien als Basis seiner Theorie den Begriff des Modelllernens. Lernen am Modell bezieht sich auf Lernen durch Nachahmung des beobachteten Verhaltens, durch Rollennachahmung und das Erfüllen von Rollenmodellen. Wenn gleich uns das nicht bewusst sein muss, führen die beobachteten Folgen des Verhaltens anderer für den Beobachter zu einem Lernprozess.

Das „Lernen am Modell“ gilt, nach der Entdeckung der Klassischen Konditionierung und der Operanten Konditionierung, als dritte Form des menschlichen Lernens. Darin erhält der Mensch eine aktivere Rolle. Er lernt von Vorbildern und ahmt ihr Verhalten nach, wenn es zu den gewünschten Ergebnissen führt. Siehe Glossar: Bandura „Lernen am Modell“!

Bandura legte einen Forschungsfokus auf Aggressionen und Stress. Er ist der Auffassung, dass Aggressionen eine Folge kultureller Überlieferung sind, die im gegebenen Kontext Konditionierung in Form von Belohnung oder Strafe auslösen. Modelllernen hat in Bezug auf Phobien eine gewisse therapeutische Wirkung gezeigt (Karpatschof & Katzenelson, 2007: 230).

Wenn ein phobischer (ängstlicher) Klient beispielsweise eine andere Person in einer für den Klienten angstauslösenden Situation beobachtet, wie dieser darin furchtlos handelt, wird diese Beobachtung seine Haltung ändern.

NLP verwendet Rollenmodelle, wenn der Klient keine Erinnerung an eigene Erfolge in einem bestimmten Bereich hat und angeleitet wird, Rollenverhalten erfolgreicher Personen zu modellieren. Mitte der 70er Jahre beobachtet Bandura, dass die menschliche Selbstüberzeugung eine große Bedeutung für die individuelle Fähigkeit zur Regulierung des eigenen Lebens hat.

"Ein zentrales Element der sozial-kognitiven Theorie ist die Betonung darauf, dass das Individuum an seiner eigenen Entwicklung aktiv engagiert ist und Veränderung durch sein eigenes Handeln schaffen kann. Die Bedeutung der eigenen Kontrolle des Individuums über die Situation wird zentral. Das bedeutet, dass die kognitiven Kapazitäten des Menschen, besonders die Fähigkeit, Symbole zu verwenden, möglicherweise eine zentrale Rolle für seine Fähigkeit spielen könnte, autonom zu navigieren" (Ibid.: 231).

In diesem Zusammenhang entwickelte Bandura den Begriff "Self-efficacy", (Selbstwirksamkeit) der häufig in der Beschreibung der Resilienz (Widerstandsfähigkeit) verwendet wird und die Grundlage vieler menschlicher Vorgehensweisen ist, Stress zu bewältigen. Großen Einfluss auf NLP gewinnt Bandura primär mit seinen Forschungen in der Verbindung der kognitiven Psychologie und des Behaviorismus zum Thema menschliches Bestreben und Erfolg (1977 und 1982). Ergebnisse dieser Forschung zeigten ein wichtiges Muster im Zusammenspiel von mentaler Landkarte und dem Verhalten. Diese Theorie nennt sich " The Bandura Curve".

Die Schlussfolgerung aus Banduras Erkenntnissen ist, dass das menschliche Verhalten in direkter Beziehung zur persönlichen Überzeugung steht. Menschliches Handeln spiegelt häufig die Erwartungen an das Ergebnis wider. Erwartet man, dass es schwierig ist, ein neues Verhalten auszuführen, oder dass es nicht machbar ist, wird das neue Verhalten häufig schwierig oder gar unmöglich durchzuführen. Sollte es dennoch gelingen, dass neue Verhalten auszuführen, auch mit einem besseren Ergebnis als erwartet, dann erklärt man dies normalerweise als kein gutes Beispiel für die Fähigkeiten der Person, sondern eher für die justierten Erwartungen.

Bandura bemerkte dabei, dass dieselbe Strategie zur Heilung von Krankheiten angewandt werden konnte. Der Gesundheitszustand ist auch von den Erwartungen des Klienten an die Genesung abhängig.

"As part of his research, Bandura attempts to get people to raise their expectations and observes the subsequent impact it has on their behavior. He doesn't give people the opportunity to practice, he simply tries to get them raise their expectations about their performance" (Dilts & DeLozier, 2000: 84).

"The Bandura Curve" veranschaulicht die Erwartungen des Klienten an die gesndheitliche Besserung. Wenn z.B. nach einer Behandlung ein Rückfall entsteht, wird der Klient in seinen Erwartungen enttäuscht und er erlebt - real betrachtet - eine Verschlechterung des Zustandes. Ist der Klient zwischenzeitlich darauf vorbereitet, einen Rückfall als natürlichen Bestandteil der Behandlung zu verstehen, können die Erwartungen auch trotz eines tatsächlichen Rückfalls mit dem Fokus auf Besserung gewendet werden.

Methoden der Verhaltensmodifikation

Bandura schlug vier Methoden zur Verhaltensmodifikation vor, wobei er die erste für die am wenigsten geeignete und die vierte als wirkungsvollste beschrieb.

1. Überredung bzw. logische Überprüfung (Verbal Persuasion)
   Der Lernende vergleicht, zwischen den eigenen Gedanken und den Urteilen anderer. Eine andere Person - oder auch man selbst - kann einem einreden, dass man zu einem Verhalten fähig ist. Die so erzeugte Kompetenzerwartung hält ohne die direkte Überprüfung des tatsächlichen Könnens jedoch nicht lange an.
2. Nachahmen eines Modells (Expert Modeling)
   Der Lernende beobachtet eine Person und ahmt deren Verhalten nach. Wenn das Verhalten der beobachtenden Person leicht erscheint, wird sie es eher wagen, als wenn sie glaubt, es nie erreichen zu können.
3. Beobachtendes Lernen (Vicarious Learning)
   Der Lernende beobachtet die Interaktion anderer und die daraus resultierenden Konsequenzen und überprüft daran die Adäquatheit seines Denkens. Je ähnlicher der Beobachtete dem Lernenden ist, umso mehr wird die Selbstwirksamkeit des Lernenden beeinflusst. Die Beobachtung erfolgreichen Handelns kann zu der Erwartung führen, daß man selbst auch mit positiven Konsequenzen rechnen kann, wenn man das Modellverhalten imitiert.
4. Selbsterfahrendes Lernen (Enactive Mastery)
   Der Lernende stellt den Grad der Übereinstimmung zwischen den gedanklichen Vorstellungen und den Ergebnissen des eigenen Handelns fest. Bei hoher Übereinstimmung werden die Vorstellungen bestätigt, bei niedriger oder fehlender widerlegt. In der teilnehmenden Modellierung wird das angestrebte Verhalten progressiv gelernt. Das Modell führt eine Handlung vor, die dem Zielverhalten schrittweise immer ähnlicher wird. Unterstützt durch das Modell lernt der Beobachter schrittweise das Modellverhalten.

"The Bandura Curve" ist ein wesentlicher Teil des Gesundheitsverständnisses von NLP (Dilts & DeLozier, 2000: 83), und schafft einen kleinen Link zum Behaviorismus und die kognitive Verhaltenstherapie.

"Rather than being a signal to "give up", these experiences are an indicator that it is time to "recode" something in your approach. In a way, the Bandura Curve is an expression of the old adage that " the darkest hour is just before the dawn"" (Ibid: 89).

Die "Bandura Curve" zeigt ein spezielles Problem auf. Die Erwartungen können so hoch gesetzt sein, dass sie außerhalb eines realistischen Bereiches liegen und deshalb, umso härter treffen, wenn sie nicht erreicht werden.

Historisch betrachtet hat Dale Carnegie durch die Einführung des „Positiven Denkens" einen wichtigen ersten Beitrag für die Anerkennung lösungsorientierter Methoden geleistet. Im NLP werden über positives Denken hinausgehend, alle Einwände, widersprüchlichen Anteile, Inkongruenzen und systemischen Aspekte (Öko-check) berücksichtigt. Siehe Glossar: Carnegie „Positives Denken"!

Sigmund Freud gilt als einer der markantesten Theoretiker der menschlichen Psyche aller Zeiten. Seine Bibliographie und Theoriebildung ist umfassend bekannt, weshalb hier nur einzelne Bereiche behandelt werden, welche für die eigene Theoriebildung von NLP von Bedeutung sind.

Für Freud und die Psychoanalyse sind Handlungen, Gedanken, Gefühle und Überzeugungen Phänomene, die vom Unbewussten, dem Trieb und den Bedürfnissen gesteuert sind. Seine Theorien haben das moderne Verständnis der menschlichen Psyche inspiriert und beeinflusst. Die Psychoanalyse als Methode hat eine moderne Ära in der Psychotherapie angestoßen. So trug Freud auf verschiedene Weise dazu bei, dass die Psychologie aus den Laboren in das alltägliche Leben verlagert wurde. Im medizinischen Bereich führte der Arzt S. Freud Studien zur Psychosomatik, Wirkung des Kokains, zur Hypnose, Hysterie und ihren physischen Symptomen, zu Neurosen etc. durch. Mit seiner These über das Unbewusste erfand er einen theoretischen Rahmen, in dem platziert werden kann, worüber wir real nichts wissen.

"We resolve to think of the consciousness or unconsciousness of a mental process as merely one of its qualities and not necessarily definitive...Each single process belongs in the first place to the unconscious psychical system; from this system it can under certain conditions proceed further into the conscious system" (Freud, 1963: 305).

Freuds Grundannahme, die menschliche Natur strebe nach Homöostase (Ausgeglichenheit/Gleichgewicht), wurde in viele psychotherapeutische Theorien aufgenommen, aktuell auch im Theoriemodell des NLP.

Freud akzentuierte bereits: "It follows from the existence of a symptom that some mental process has not been carried through to an end in a normal manner so that it could become conscious; the symptom is a substitute for that which has not come through" (Ibid.: 304).

Daraus folgt, dass durch Feedbackmechanismen ausgelöste Selbstkorrekturen nicht funktionieren, wenn das Nervensystem im Heilungsprozess festgehalten (blockiert) wird. Auch im NLP- Verständnis wird das Zusammenspiel zwischen instinktiven Impulsen und Symptomen aufgrund mangelnder Zufriedenheit (mangelnder Homöostase) durch Feedback ausgelöst.

Freud beschäftigte sich am Anfang seiner Forschungen mit der Konstanz der Energie. Dieser Grundsatz wird auch im NLP angewendet, indem Energie als Ressource beschrieben wird (siehe Vorannahmen des NLP). Ebenso die gemeinsame Annahme, dass Sprache als das wesentlichste menschliche Werkzeug für Konfliktlösung, Meinungsbildung, Entwicklung von Verständnis und Einflussnahme gesehen wird.

"By words one of us can give another the greatest happiness or bring about utter despair; by words the teacher imparts his knowledge to the student; by words the orator sweeps his audience with him and determines its judgments and decisions. Words call forth emotions and are universally the means by which we influence our fellow creatures" (Ibid.: 21 - 22).

Hier besteht eine Übereinstimmung mit Überzeugungen, die auch im NLP zu finden sind. Unser Nervensystem (Neuro) ist mit der Fähigkeit ausgestattet, Sprache (Linguistik) anzuwenden. Die menschlichen Strategien, welche von neurologischen und verbalen Mustern bestimmt zu sein scheinen (Programmierung), sind tief mit der Fähigkeit verbunden, unser Verhalten zu organisieren.

Freud wurde von den Pionieren des NLP stark unterschätzt. Das führte dazu, dass Freuds „Lösungen“ (Theoriemodelle der Psychoanalyse für psychotherapeutische Problemstellungen) später im NLP besonders dort berücksichtigt wurden, wo NLP selbst keine Antworten bieten konnte, z.B. bei den Phänomenen wie Übertragung und Gegenübertragung, Abwehrmechanismen und Umgang mit Konflikten.

Das psychoanalytische Wissen und Verstehen der intrapsychischen Energie findet sich auch im NLP wieder. In der Annahme, das angemessene und ausreichende Fähigkeiten vorhanden sind, eigene Probleme lösen zu können. Es sind nicht die Ressourcen, die prinzipiell fehlen und für das eventuelle Ungleichgewicht des Klienten und eine Stagnation verantwortlich sind, sondern deren angemessene Priorisierung und Nutzung.

Der Schweizer Psychiater C.G. Jung war Schüler und Kollege von Freud und gilt als Mitbegründer der Psychoanalyse. Als er mit Freud brach, entwickelte er seine eigene Version der Psychoanalyse, die so genannte Analytische Psychologie. Jung litt gelegentlich unter schweren Depressionen und zeigte ein indifferentes Erscheinungsbild seiner Persönlichkeit.

"For many years Jung felt he possessed two separate personalities: an outer public self that was involved with the world of his family and peers and a secret inner self that felt a special closeness to God. The interplay between these selves formed a central theme of Jung's personal life and contributed to his later emphasis on individual's striving for integration and wholeness" (Dilts & DeLozier, 2000: 570).

Mit seinem persönlichen Hintergrund ist es nicht unwahrscheinlich, dass er auf Polaritäten fokussierte. Dieses Phänomen nannte er "enantiadromia". Es entsteht, wenn man hart und ausdauernd versucht, zu widerstehen, um dann doch das zu werden, wogegen man sich ursprünglich gewehrt hat.

Psychoanalytische Prinzipien im NLP

Freud's strategies for observation and analysis were based on the following presuppositions:

1. Mental process is essentially unconscious. Each mental process is "in the first place unconscious and may proceed into the conscious system."
2. Psychological phenomena, such as 'symptoms', are the result of transformations and "transitions" of instinctual impulses, which providc the "motive force" for mental processes.
3. There is a natural self-correcting life cycle of mental processes, and the "instinctual impulses" behind them that involves the movement between conscious and unconscious systems.
4. Symptoms form when a mental process is not allowed to complete its full 'life cycle'. A symptom is "a substitute for that which has not come through."
5. Symptoms are part of a larger unconscious system, which gives them meaning. Symptoms serve a purpose within that larger system.
6. Bringing the unconscious thoughts and processes behind a symptom into consciousness, allow them to become naturally self-corrected.
7. Language has a special role in bringing unconscious mental processes into consciousness, and thus catalyzing and directing the process of transformation and change.

(Dilts & DeLozier, 2000: 430)

Wenn eine Person ihre Identität fokussiert, erscheint häufig die Schattenseite, wie z.B. dem Fastenden das Essen, welches er ständig sieht. Weil wir mit dem Bewusstsein nicht das Unbewusstsein steuern können, tritt immer wieder in Erscheinung, was wir gerne ablegen würden.

Im NLP sagt man, dass man mehr von dem bekommt, worauf man sich fokussiert. NLP ist in mehreren Bereichen durch die Methodenlehre Jungs inspiriert. Es kann z.B. angenommen werden, dass Virginia Satirs Arbeit mit polarisierenden Persönlichkeitsanteilen (" Parts Party") im Ursprung von Jung stammt.

Wenn NLP- Anwender z.B. davon sprechen, dass sie in einem therapeutischen Prozess „Teile integrieren“ (parts integration), bedeutet dies, dass auch die „Schattenseiten“ in das ganzheitliche Leben eines Individuums auf eine Art mit einbezogen werden, in der die Person die Gegenpole akzeptieren darf und sich selbst gleichzeitig als kongruente Person erleben kann.

Auch der Begriff der Metaposition stammt von Jung. Im NLP wird dem Klienten eine Metaposition eröffnet, wenn er eingeladen wird, sich vom inneren Erlebnis zu lösen und sich die Situation mit Abstand von außen zu betrachten. Von einer "neutralen Position" ausgehend, kann der Klient sich selbst zwischen zwei Polaritäten wahrnehmen, um beide Positionen besser zu verstehen oder zu vereinen, oder sie zumindest in einen Prozess der Zusammenarbeit (Integration) zu bringen.

George A. Miller (Jahrgang 1920) stammt aus West Virginia und war Professor für Psychologie an der Princeton University. Er hatte außerdem Professuren an der Rockefeller University, Massachusetts Institute of Technology und der Havard University inne. In diesen Institutionen arbeitete er mit Jerome Bruner, Noam Chomsky, John Grinder, Eugene Galanter und K. H. Pribram zusammen.

Miller wurde bekannt und anerkannt für sein Mitwirken in der „Kognitiven Revolution" der 50er Jahre. Die „Kognitive Revolution“ war eine Abrechnung mit dem Behaviorismus und eine Inspiration sowie ein Neustart in die interdisziplinäre Psychologie. In der universitären Welt wurde durch mehrere Begebenheiten fachübergreifendes Wissen geschaffen. Dadurch trafen sich die Bereiche der Psychologie, Informations- und Kommunikationstheorie, Linguistik, Kybernetik und Informatik zur gegenseitigen Inspiration.

Die Forschergruppe um Miller produzierte neue Erkenntnisse über das Gedächtnis ("The magical number seven, plus or minus two: Some limits on our capacity for processing information"), zum Denkprozess ("A study of thinking"), das Fundament für das Verständnis für menschliches Verhalten und Kognition ("Plans and Structure of Behavior"), sowie die Bausteine für das Verständnis menschlichen Verhaltens (T.O.T.E. - Modell). T.O.T.E. ist die Abkürzung für: "Test - Operate - Test - Exit" und ist eine Beschreibung menschlicher Strategien in der Organisation ihrer Ausrichtung und Ziele.

"This model indicates that, as we think, we set goals in our mind (consciously or unconsciously) and develop a TEST for when those goals has been achieved. If a particular goal is not achieved, we OPERATE to change something or do something to get closer to our goal. When our TEST criteria have been satisfied we then EXIT to the next step" (Dilts & DeLozier, 2000: 1434).

Anmerkungen zur „magischen Sieben" und zum T.O.T.E.- Modell. Siehe Glossar: Miller!

Ulrich Neisser komprimierte die Forschungsergebnisse und Diskussionsbeiträge der Forschergruppe um George Miller in seinem Werk "Cognitive Psychology" und legte damit die Grundlage für einen neuen Zweig der Psychologie, der er den Namen Neuropsychologie gab (Karpatschof & Katzenelson, 2006: 258).

Ulrich Neisser wurde 1928 in Kiel geboren und wanderte 1931 in die USA aus. Sein Buch ‚Kognitive Psychologie' aus dem Jahr 1967 gab einen entscheidenden Impuls zur so genannten kognitiven Wende in der Psychologie. Nach Neisser ist die kognitive Psychologie das Studium, wie Menschen Wissen erlernen, strukturieren, speichern und nutzen. Er nannte diesen Prozess Neuropsychologie und hat möglicherweise dadurch zur Namensfindung des NLP beigetragen.

Sowohl das 7±2-Modell als auch das T.O.T.E.- Modell wurden unverändert in das klinische Repertoire des NLP übernommen. Dies gilt für die Erzeugung von abstrakten Einheiten (Chunks) in einer hierarchischen (vertikal) und kollateralen (horizontal) Struktur.

3.8 Eine Synthese der Wurzeln von NLP

Der rote Faden der vorgelegten Beiträge zur Entstehung von NLP ist sowohl direkt als auch indirekt ein Abstandnehmen von der Psychoanalyse. Nicht zum Widerstand gegen die Psychoanalyse, sondern um die geistigen Prozesse des Menschen in einem ganz anderen Konzept zu erfassen.

Die vier erstgenannten Inspirationsquellen (Perls, Satir, Erickson und Bateson) hatten die Weltkriege „im Gepäck ihrer Erfahrungen" und waren alle fest mit der amerikanischen Kultur und Tradition verbunden. Gleichzeitig hatten sie mit der Vorliebe, die subjektive Struktur im experimentellen Feld zu erforschen, einen immensen Schaffensdrang.

Sie hatten sich über verschiedene persönliche Verbindungen Kontakt gefunden. Diese ermöglichten ihnen, Erfahrungen auszutauschen und sich gegenseitig zu beeinflussen. Daher ist anzunehmen, dass diese vier Personen sowohl theoretisch als auch praktisch die Grundvoraussetzung für NLP schufen. Aus metatheoretischer Perspektive auf dem Boden des Existentialismus und in einem mehr oder weniger ausgeprägten Grad von Batesons systemisch- kybernetischer Theorie beeinflusst. Auf dem psychologisch- theoretischen Feld werden grundlegende Verbindungen zur Gestaltpsychologie gesehen. Diese spiegeln sich im klinischen Bereich und in der Grundhaltung einer ganzheitlichen Sicht und Arbeit wieder.

Schlüsselwörter sind der freie Wille, woraus Eigenverantwortung des Individuums für die eigene Wahl folgt, Ganzheitlichkeit, die mehr ist als die Einzelteile eines Systems von Körper und Seele, die Bedeutung der Sprache als Zugang zum Verständnis der subjektiven Prozesse, Feedbackprozesse in Form von Reaktionen auf die Wirklichkeit, abhängig von der individuellen Wahrnehmung und persönlichen Korrekturmöglichkeiten. Im klinischen Bereich wird eine Wechselwirkung zwischen der phänomenologischen Untersuchungsmethode und dem strategischen Prozess der Interventionsform gesehen. Dabei muss das Ziel des Individuums mit seiner subjektiven Wahrnehmung, seinem Lernen und neuentwickelten Strategien abgestimmt werden.

Dieses Quartett bestand aus sehr erfolgreichen, charismatischen, erfahrenen, geistig flexiblen, neugierigen und intelligenten Persönlichkeiten, die zur etablierten Psychologie eine kritische Position einnahmen und neue Wege beschritten. Es ist nicht verwunderlich, dass diese erfolgreichen Vier zuerst modelliert und somit zur Basis für NLP als Methode wurden.

Chomskys strukturalistischer Beitrag zum NLP baut auf eine linguistische Tradition auf und geht tendenziell von einer deterministischen Vorstellung der menschlichen Psyche aus. Wenn eine Person sich in einer bestimmten Art und Weise äußert, bedeutet es beispielsweise, dass die Tiefenstruktur etwas Bestimmtes gefunden hat, was auf eine bestimmte Art und Weise transformiert an die Oberflächenstruktur gelangt. Zwar ist die Wirklichkeit kaum so einfach konstruiert, aber wie auch die vier Modelle von Freud ist Chomskys Modell ein gut handbares Erklärungsmodell für die praktische Arbeit. Chomsky vermittelt klare und handlungsorientierte Einsichten, die für NLP nützlich sind und pragmatisch angewendet werden.

Alfred Korzybskis Unterscheidung zwischen Objektivem und Subjektivem (Landkarte und Landschaft) ist ein fundamentales Element im NLP. Korzybskis Aussagen stehen mittlerweile für eine vereinfachte und eigenständige Darstellung eines Zustandes, und die Aussage kann an sich als eine Landkarte (eine Wahrheit) aufgefasst werden. Die Aussage („Die Landkarte ist nicht die Wirklichkeit!") ist schwer zu widerlegen und der Satz hat metaphysischen Charakter bekommen. Die Aussage: "Menschen schaffen Landkarten" wird im NLP als eine Metapher für das Subjektive aufgefasst. Dieser Ansatz ist sehr sinnvoll, da nach NLP- theoretischer Auffassung immer subjektive Elemente enthalten sind, und so die individuelle Subjektivität im klinischen Kontext entfaltet und integriert werden kann.

Albert Banduras Ansatz wurde später von Robert Dilts in die NLP- Theorie einbezogen. Damit begann die sogenannte zweite Generation der NLP-Entwicklung. Banduras Verknüpfung von menschlichen Erwartungen und individuellen Fähigkeiten, um Erwartungen zu erfüllen, ist ein herausragender Gesichtspunkt in der Denkweise und ein relevanter Bestandteil des NLP.

Man muss anerkennen, dass Sigmund Freuds Einfluss allgemein größer war, als die meisten NLP-Vermittler zugeben möchten. Seine Fähigkeit, psychologische Themen auf verständliche Weise zu vermitteln, hat alle neueren Richtungen der Psychologie inspiriert. Insbesondere die Theorie über die Existenz des Unbewussten als eine Metapher für etwas, was wir Menschen noch nicht verstehen.

Jung hatte einen ähnlich großen Einfluss. Sein Modell der Schattenseiten und das Spannungsfeld zwischen den Polaritäten sind die Voraussetzung für die NLP theoretische Auffassung von polarisierenden Bedeutungen.

Ergänzend kann sicher auch noch diskutiert werden, wieviel Einfluss das Menschenbild der Gesprächstherapie von Carl Rogers hatte. Seine empathische Herangehensweise „Join the client, where he/she is!" und seine Annahme, dass Menschen die Fähigkeiten besitzen, die sie brauchen, um ihre Probleme zu lösen, sind Bestandteil des NLP.

Man muss nochmals hervorheben, dass zu Beginn der NLP- Entwicklung kein Widerstand gegen die „alten und teilweise verschlissenen" Theorien bestand. Im NLP wurde pragmatisch gesammelt, was zum gewünschten Erfolg führt. Trotzdem kann man nicht anfechten, das NLP aus Widerstand gegen Freud und Skinner entstand und nicht aufgrund dieser Theorien.

4.0 Die psychologische Metatheorie von NLP

Bandler und Grinder haben in ihrem erstem Buch (The Structure of Magic, Vol. I) ihr Ziel klar gestellt: "Since this set of tools is not based upon some pre-existing psychological theory or therapeutic approach, we would like to present the simple overview of the human processes out of which we have created these tools. We call it modeling" (Bandler & Grinder, 1975a: 6).

Bandler und Grinder stellten von Anfang an klar, dass NLP sich nicht im Gegensatz zu bisherigen Wissenschaftstheorie positioniert. Diese Behauptung hat NLP jedoch von Anfang an begleitet und wird oft fortgeführt, wenn NLP präsentiert wird.

"The modality as it is represented in its purest sense is struggling to find its place within the wider theoretical models represented in psychotherapy" (Wake, Lisa, 2008: 4).

NLP wurde von Modellen und theoretischen Ansätzen inspiriert, die das menschliche Verhalten auf unterschiedlichste Weise verstehen und beschreiben. Trotzdem ist eine durchgehende und konsequente Linie im Theorieverständnis erkennbar, aus der NLP geformt wurde.

4.1 Metatheoretische Überlegungen

NLP hat sich als eine neue Therapieform positioniert und kann gewissermaßen als Synthese der meistverwendeten Therapiemethoden des 20. Jahrhunderts aufgefasst werden.

Die Synthese aus bestehenden Therapiemethoden macht NLP noch nicht zu einer eklektischen Therapie. Entsprechend wissenschaftlichem Denken unterstreicht sie aber, dass aus unterschiedlichen, bereits vorhandenen theoretischen Bestandteilen eine neue Theorie aufgebaut wurde, die NLP-Theorie. Dabei verbindet NLP die Qualität der integrierten Theorieansätze, die vornehmlich im letzten Jahrhundert entwickelt wurden.

Am Anfang bestand gar nicht die Intention, eine neue "grand theory" zu schaffen. Später verhinderte die Erkenntnis neuer Wirkmechanismen das Bemühen um eine Einordnung in die wissenschaftliche Welt der „ultimativen" Wahrheit. Der Fokus des experimentellen Studienkreises um Bandler und Grinder lag nicht auf Theoriebildung, sondern auf der Erarbeitung wirksamer und effektiver Interventionsformen. Wie in frühen Werken nachlesbar, bestand das größere Interesse darin, erfolgreiche und ausgezeichnete kommunikative Fähigkeiten von anerkannten Therapeuten zu kopieren. NLP startete daher von einer pragmatischen, auf die Anwendung von Techniken basierenden Plattform. Ein anderes wesentliches Moment war das Interesse, diese exzellenten Fertigkeiten an andere zu vermitteln. Dadurch entstanden schnell marktorientierte Verbreitungsmaßnahmen für das NLP, die sich an Unternehmen und an Menschen mit Interesse an persönlicher Entwicklung wandten und nicht vorrangig an Psychotherapeuten oder Wissenschaftler.

Dieser Schwerpunkt verhinderte die explizize Entwicklung einer eigenständigen NLP- Theorie. Aus dem fehlenden Interesse an Theoriediskussion und theoretischem Unterbau darf aber nicht ohne weiteres geschlossen werden, dass die NLP- Pioniere frei von jeder Theorie waren oder NLP ohne jede Theorie bestehe.

Wie aus mehreren NLP-Werken von 1975 und später hervorgeht, wird in großen Zügen auf theoretische Literatur hingewiesen (Bandler & Grinder, 1975a). Die beiden ersten Bücher von Bandler und Grinder mit dem Titel: "The Structure of Magic, Vol. I & II" signalisieren an sich eine Bevorzugung von "Magie" und ein Abstandnehmen von Theorie, obwohl gerade diese Bücher die Theorie pragmatischer Kommunikationswege aufzeigen. NLP wurde zu Beginn als eine Methode präsentiert, die ohne Akzente auf eine Theorie, sondern auf praktische Lösungen fokussiert war. Daher ist es notwendig, die Theorien zu kennen, die in die wissenschaftlichen Grundlagen der Entwicklung von NLP eingehen. Diese sollten allen professionellen NLP- Anwendern bekannt sein. Es ist zu betonen, dass alle Mitglieder des Studienkreises einen wissenschaftlichen Hintergrund hatten. In der Anfangszeit des NLP hatten oder erwarben sie einen akademischen Grad.

4.2 Das psychologische Fundament des NLP
Vier übergeordnete und grundlegende Annahmen stellen das Fundament des NLP dar.

Zum Ersten: Der Mensch schafft sich aus der Wirklichkeit heraus sein eigenes, selbständiges Modell der Wirklichkeit. Dieses Modell seiner Realität entsteht als ein Ergebnis einer „gefilterten“ Wahrnehmung der Wirklichkeit. Dieser Prozess vollzieht sich sowohl im Unterbewusstsein als auch im Bewusstsein. Der Mensch hat also nicht in vollem Umfang Zugang zur Realität, muss sich aber auf der Basis seines selbst erschaffenen Modells der Realität, durch die Ereignisse des Lebens navigieren.

Die Filter können durch Faktoren beeinflusst sein, wie Milieu, soziale Verhältnisse, Kultur, Sozialisierung, Erinnerung, besondere Erlebnisse und vieles mehr.

Diese grundlegende Annahme basiert auf Korzybskis Theorem: "The map is not the territory" mit Batesons Zusatz: „Der Name ist nicht das Objekt." Diese Annahme ist der Anreiz, das subjektive Erleben der Realität des Klienten zu untersuchen. Das Ziel ist, die einzigartige Konstruktion zu verstehen und zu problematisieren, welche den Klienten darin behindert, seine Ziele zu erreichen und zu seinen Schwierigkeiten führt.

Zum Zweiten: Die Menschen konstruieren sich bewusst und unbewusst ihr eigenes Modell der Realität und gleichzeitig agieren sie mit Hilfe strukturierter Muster und Strategien nach diesem Modell. Daher ist es möglich, die internen und externen Aktivitäten durch Modellierung abzubilden. Durch gedachte Effekte innerer Vorstellungen und durch Interaktionen in Beziehungen sowie Interpretationen verbaler und non-verbaler Feedback-Prozesse modelliert der Mensch natürlich und automatisch die Erlebnisse in seiner Umwelt.

Vieles deutet darauf hin, dass Richard Bandler zufällig entdeckte, wie er Perls Kommunikationsmuster auf die gleiche Art wie Perls anwenden und so auch das gleiche Resultat herstellen konnte. Albert Banduras Beitrag zum "social learning" (Modelllernen) und Lernen an Rollenmodellen sowie die Observationsstrategien der Behavioristen unterstützen die These, das ‚modeling' möglich ist.

Zum Dritten: Menschliche Orientierungssmöglichkeiten werden gesteuert durch neurologische Faktoren (N), sprachliche Kompetenz (L), einschließlich der Fähigkeit das Leben (P) zu organisieren und zu strukturieren. Es besteht ein Zusammenhang zwischen allen notwendigen Funktionen, die für die Aufrechterhaltung und Kompetenzentwicklung notwendig sind. Es ist ein Zusammenspiel von Körper und Seele sowie einerseits Herausforderungen und andererseits Entwicklungsmöglichkeiten.

Die kognitive Voraussetzung der individuellen Orientierungsmöglichkeit beruht auf der gleichen Denkweise wie in der kognitiven Verhaltenstherapie. Diese baut auf eine schematische Theorie auf, in deren Modell der Inhalt aus Mustern besteht. Diese Muster entstehen vorzugsweise aus Gedanken, die in Sätzen formuliert werden können. Sind diese Sätze negativ, wird der Zustand negativ beeinträchtigt. Sind sie positiv, wird diese Person auch eine positive Erfahrung machen. NLP hebt hervor, dass Muster (Schemata) vorwiegend aus Bildern, Geräuschen und körperlichen Empfindungen bestehen. Wenn diese aus negativem Inhalt bestehen, lassen sie die Person negative Situationen erfahren und umgekehrt positive, wenn die sensorische Repräsentation positiv ist.

Es ist Bandlers und Grinders Verdienst, dass diese Repräsentationen der Wirklichkeit identifiziert wurden und dass aus dieser Erkenntnis anwendbare NLP- Interventionsformen entstanden, die „Arbeit mit Submodalitäten" genannt werden (genaueres weiter unten).

Die sprachlichen Kompetenzen sind abhängig von Transformationsprozessen zwischen Tiefen- und Oberflächenstruktur. NLP postuliert, dass die Lebensqualität von dem Kompetenzniveau dieses Transformationsprozesses abhängig ist. Das bedeutet, dass diese individuelle Fähigkeit in der Tiefenstruktur zusammen mit der Fähigkeit, es in der Oberflächenstruktur präzise ausdrücken zu können, geprägt ist und die Qualität des Erlebens im Verhältnis zu sich selbst und anderen bestimmt.

Die Organisation der Psyche basiert auf den Erfahrungen und Prägungen, die das Individuum im Laufe des Lebens erfahren hat. Diese Erfahrungen bilden die Grundlage für aussagekräftige Schlussfolgerungen, die wiederum Voraussetzungen für Muster schaffen, welche dann Einfluss auf die Aktion (Gedanken, Gefühle und Verhaltensweise) und Entscheidungen einer Person haben.

Die psychische Organisation wird vorzugsweise vom Unterbewusstsein gesteuert, das vermutlich ausschließlich mit positiven Absichten operiert. Dabei muss zwischen dem verhältnismäßigen Effekt der Ausführung, also dem Ergebnis des Verhaltens, und der ursprünglichen Intentionen unterschieden werden.

Zum Vierten: Das Unbewusste organisiert sich im Verhältnis zur Zeitwahrnehmung, d.h., dass Begebenheiten, die stattgefunden haben oder vermutlich stattfinden werden, als „Hier-und-Jetzt-Erlebnisse" wahrgenommen werden. Dieses Zeitverhältnis hat teilweise die Konsequenz, dass eine frühere Begebenheit fortwährend „Hier-und-Jetzt-Erlebnisse" gene-

rieren kann. So kann die Erwartung einer kommenden Situation „Hier-und-Jetzt" Furcht oder Freude hervorrufen. Gleichzeitig hat es die Konsequenz, dass die Person im „Hier-und-Jetzt" die Wahl hat, sich zu einer Begebenheit anders und problemfrei zu positionieren. Bezogen auf die Situation, auf die jetzt oder später ein Fokus gelegt ist, kann die Person mit einer anderen Positionierung im „Hier-und-Jetzt" eine andere Wirkung erreichen, ohne dass sich der Inhalt des Kontextes ändert. Nach Außen hat es die Konsequenz, dass gewisse störende Prägungen, die früher geschaffen wurden und Werte und Überzeugung geformt haben, mit den Einsichten und Erfahrungen bearbeitet werden können, die später im Leben erworben wurden.
Diese Grundannahme schafft den epistemologischen Rahmen für Überzeugungen darüber, dass die Wirklichkeit nur subjektiv erkannt werden kann. Die Wirklichkeit besteht aus Elementen, die das einzelne Individuum durch Filterprozesse zusammengesetzt hat. Die Elemente werden vom Individuum als Ganzes erfasst.

Darum postuliert NLP, dass der einzelne Mensch als ein einzigartiges Wesen verstanden werden muss und nicht vereinfacht als eine Generalisierung aufgefasst werden kann. Der Antrieb des Menschen wird von positiven Intentionen gesteuert, die auf Grund des individuellen Kompetenzniveaus von Verhaltensstrategien sowohl positive als auch negative Ergebnisse entwickeln können. Aus der Sicht der gestaltpsychologischen Position wendet NLP die Wahrnehmungsperspektive in Form von Vordergrund und Hintergrund an, die zusammen eine Ganzheit ausmachen. In dieser Erlebnisbegebenheit können die Einzelteile einerseits nur durch die Kraft der anderen bestehen, andererseits können sie nur einzeln für sich und nicht gleichzeitig betrachtet werden.

4.3 Die vier theoretischen Grundsäulen als Fundament des NLP

Die vier tragenden Grundsäulen der theoretischen Konstruktion des NLP sind:

- Existenzialismus
- Strukturalismus
- Konstruktivismus
- Kybernetik.

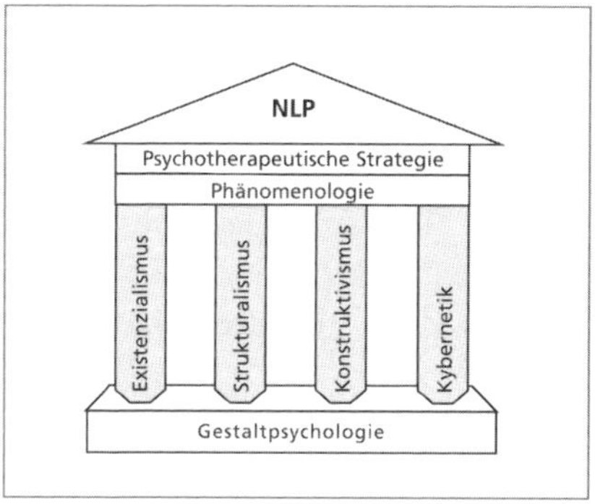

Die grundlegende Prämisse des Existenzialismus ist, dass der Mensch ohne prädestiniertes Schicksal geboren wird. Aus dieser Ungebundenheit wird der Nährboden für seine freie Wahl geschaffen und damit auch die eigene persönliche Verantwortung für jede Wahl, die im Leben nicht getroffen wird. Das bedeutet nicht zwangsläufig, dass die Persönlichkeit ausschließlich durch innere Aktivitäten geschaffen wird, aber die Person nimmt alles andere als bestehende Optionen an.

Der freie Wille führt logisch zur freien Wahl. Wenn das Individuum diese Möglichkeit entdeckt, entsteht Engagement und Verantwortung für das eigene Leben. Der Freiheitsbegriff beinhaltet, dass es ein Recht zur freien Wahl gibt, welches sich der Einzelne selbst erteilt und die Konsequenz hat, dass dieses Recht gleichzeitig auch für alle anderen Menschen Gültigkeit hat.

Für die Persönlichkeitsentwicklung erkennt NLP den Einfluss der Gene, die Bedeutung äußerer Faktoren wie soziale Einflüsse, soziales Lernen und den kulturellen Rahmen an. Veränderungsprozesse beginnen aus Sicht des NLP mit dem Teil des Individuums, auf den es Einfluss hat und den es verantwortlich selbst verändern kann.

Daher steht NLP in voller Übereinstimmung mit dem Existenzialismus. Veränderung ist möglich!

"Ich muss eine Wahrheit finden, die für mich eine Wahrheit ist – eine Idee für die ich leben und sterben kann" (Søren Kierkegaard in Bertelsen,

2005: 91). Diese allgemeine Behauptung, dass Veränderung möglich ist, steht aber auch zum Teil in Kontrast zum Existenzialismus. Im Existenzialismus nimmt man an, dass es einen unveränderlichen Kern gibt, der darüber entscheidet, wie wir einen Menschen als Menschen identifizieren, der so unveränderlich ist wie die Natur. Dabei sind Menschen in der Lage, das eigene Wesen zu gestalten und zu verändern, und bringt sie durch die Wahlfreiheit in eine nicht vorbestimmte, nicht voraussagbare Entwicklungsrichtung.

Innerhalb des Rahmens klinischer Strategien (siehe Definition in Abschnitt 5) bekommt der Klient die Möglichkeit, geeignete Strategien, Gedanken, Gefühle und Verhaltensweisen zu wählen. Dieses Angebot beruht auf der Überzeugung, dass der Klient eine geeignete Wahl treffen kann, wenn sich sein Bewusstsein darauf fokussiert. "What we have found out is not that the world is too limited or that there are no choices, but that these people [clients BH] block themselves from seeing those options and possibilities that are open to them since they are not available in their models of their world" (Bandler & Grinder, 1975a: 13).

In den Grundannahmen des NLP, die gewissermaßen die eigene Landkarte und Überzeugungen des NLP beschreiben, entstehen mehrere Aussagen, die zeigen, dass NLP und der existentialistische Standpunkt weitgehend übereinstimmen:

1. Verändern wir unsere Landkarte, verändern wir unseren Sinneszustand.
   Dieser Satz setzt voraus, dass die Möglichkeit besteht, die Landkarte zu verändern, die von der Person selbst geschaffen wurde. Das indiziert, dass die einzelne Person hierzu in der Lage ist.
2. Der Mensch macht immer das Beste aus den Möglichkeiten, die ihm zur Verfügung stehen.
   Hier wird sowohl die Wahlmöglichkeit, als auch die Verantwortung im Verhältnis zur persönlichen Wahl von Handlungen ein geschlossen.
3. Positive Entwicklung entsteht dann, wenn zusätzliche Ressourcen zur Verfügung stehen.

Ein weiteres Beispiel dafür, dass das Individuum Wahlmöglichkeiten bekommt, wenn im Veränderungsprozess Ressourcen zugeführt werden.

Vorannahmen / Presuppositions

Die NLP-Vorannahmen verweisen durchgängig auf ein hoffnungsvolles Menschenbild. Sie sind als nicht überprüfbare Grundannahmen zu verstehen.

Typische Grundannahmen sind:

1. Die Landkarte ist nicht das Territorium.
2. Jede Person hat alle Ressourcen, die sie zum Erreichen ihrer Ziele benötigt.
3. In Kommunikation gibt es keine Fehler, sondern nur Ergebnisse.
4. Die Bedeutung der Kommunikation ist das Resultat, das erzielt wird.
5. In guter Kommunikation gibt es nur Gewinner.
6. Jeder Mensch ist einzigartig.
7. Jeder Mensch hat sein eigenes Modell der Welt.
8. Jedes Individuum ist als Person in Ordnung. Hinterfragt wird nur die Angemessenheit seines Verhaltens.
9. Jedes Verhalten ist in irgendeinem Kontext nützlich.
10. Ich bin verantwortlich für mein Verhalten.
11. Wenn etwas nicht funktioniert: Hör damit auf und probier etwas Neues.
12. In jeder Situation gibt es mindestens drei Wahlmöglichkeiten.
13. Körper und Geist sind eine Einheit.
14. Individuen haben zwei Ebenen der Kommunikation: die bewusste und die unbewusste Ebene.
15. Widerstand ist eine Aussage über die Inflexibilität des Kommunikators.

Zitiert aus: http://www.nlp.at/lexikon/index1.htm

Siehe Glossar: Existenzialismus, Strukturalismus, Konstruktivismus und Kybernetik! Dem interessierten Leser empfehle ich auch das Buch von Alexa Mohl: „Die Wirklichkeit des NLP“ (2000) bei Junfermann unter ISBN 3-87387-422-9 erschienen.

Strukturalismus ist sowohl Epistemologie, Metatheorie und Methodologie (Dilts & DeLozier, 2000: 1345). Strukturalismus wird angewendet als Methode in Präsentationen und Analysen von Aspekten der menschlichen Kognition, des Verhaltens, der Kultur und Erfahrungen. Fokussiert wird der Unterschied im konzeptuellen System, zwischen den zugrunde liegenden kausalen Ursachensmustern und der Oberfläche, dadurch wird der Gegenstand der Struktur wichtiger als die Funktion.

Es war der Schweizer Linguist Ferdinand de Saussure (1857 - 1913), der die Grundlage für den Strukturalismus veröffentlichte, der wiederum als eine Weiterentwicklung des Existentialismus angesehen wird. Saussure wendete nicht selbst den Begriff Strukturalismus an, sondern den Begriff Système. So gesehen war er Strukturalist, ohne es selbst zu wissen (Brügger & Vigsø, 2002).

Andere bekannte Strukturalisten sind Claude Lévi-Strauss (Anthropologe) und Jacques Lacan (Psychiater). Strukturalismus wurde in den 60er Jahren in Frankreich zum Modewort für umorganisieren. Dennoch wird der Begriff hier als eine wissenschaftstheoretische Richtung verwendet, die nicht nur die Theoriebildung des NLP untermauert. Auch die systemische Theorie ist durch den Strukturalismus inspiriert (Holmgren, Allan in Karpatschof & Bojenelson, 2007: 365).

Der Strukturalismus ist eine Abrechnung mit der normativen, der traditionellen Sprachwissenschaft (wie Sprache angewandt werden sollte), atomistischen (Einzelheiten ohne Interesse für das Ganzheitliche) und der historischen sprachwissenschaftlichen Orientierung (Sprachentwicklung). Gleichzeitig definiert Strukturalismus den linguistischen Bereich als Abgrenzung zu anderen Wissenschaften, z.B. der Anthropologie, Soziologie und Psychologie, die eher die Beziehung zwischen Sprachanwender und Sprachanalytiker herstellt.

Im Strukturalismus wird unterschieden zwischen Sprache, Sprachgebrauch und Sprachsystem. Sprachgebrauch repräsentiert die Ausübung der Sprache. Mit Sprachsystem ist der Teil gemeint, der außerhalb des Einflusses des Einzelnen liegt und unveränderbar ist. Es ist die Fähigkeit, Sprache überhaupt zu erlernen, die bereits mit der Geburt im menschlichen Gehirn vorhanden ist. Die Ausübung der Sprache erfolgt, ohne sich des Systems bewusst zu sein, das beim Sprachgebrauch verwendet wird. Daher kann das System nicht unmittelbar durch das Individuum, das die Sprache verwendet, observiert werden. Die linguistische Forschung hat mittlerweile eine Metaposition zu diesen beiden Strukturen eingenommen. Sie hebt hervor, dass keine Struktur allein existieren kann.

Auch in der Geschichte der Psychologie finden wir den Begriff strukturelle Psychologie. "For Titchener, psychology was the science of the generalized, normal, human, adult mind...Titchener saw his task as cataloging the elements (the structure) of consciousness, discovering how they are connected, and investigating the underlying physiological processes" (Thorne & Henley, 2001: 183).

Jacques Lacan (1901 - 1981) war französischer Psychiater und Freudscher Psychoanalytiker. Er arbeitete in den 30er Jahren und 40er Jahren mit psychotischen Klienten. In den 50er Jahren entwickelte Lacan seine eigenen Modelle der Psychoanalyse, basierend auf dem Strukturalismus und auf Freud als wesentliche Inspirationsquelle. Lacan nahm in erster Linie Abstand von Freuds Aussage darüber, dass dort, wo das „Es" ist, das „Ich" sein soll. Er postuliert, dass das „Ich" nie das Unbewusste ersetzen oder es gar kontrollieren könne, weil das „Ich" in sich selbst nur eine Illusion sei. Er nahm an, dass das Unbewusste, wie die menschliche Sprache, strukturiert sei und alle Elemente der menschlichen Existenz steuere.

Auch Jean Piaget zählte man zu den Strukturalisten, obwohl er seine eigene Epistemologie als genetisch fundiert auffasste, (Harré, 2006: 37). Im NLP wird Strukturalismus eindeutig in der Bedeutung von Sprachverständnis verstanden. Das sprachanalytische Modell wurde von John Grinder entwickelt und hat seine Grundlage in Chomsky Abhandlungen. Es wird im NLP als das Metamodell der Sprache bezeichnet. Meta bedeutet darüber hinaus, dahinter liegend oder übergeordnet. Das Modell, wie in der Tabelle dargestellt, teilt die angewandte Sprache in drei übergeordneten Satzkategorien ein.

Die darin enthaltenen Sätze beinhalten:

- Generalisierungen
- Tilgungen
- Verzerrungen

Diese Kategorien gehören zur Oberflächenstruktur, präsentieren aber die Tiefenstruktur. Unter diesen drei Kategorien befinden sich zehn Unterkategorien, die sich auf ausgesprochen Sätze beziehen, die jeder für sich eine oberflächliche Struktur haben. Hierzu gehört eine Tiefe oder Breite, die nicht deutlich hervortritt, aber dem Zuhörer zum Ausfüllen, Übersetzen oder Nachfragen überlassen wird.

Bandler und Grinder weisen darauf hin, dass der Mechanismus dieser drei Sprachkategorien sowohl zusichert, dass der Mensch einzigartige und extraordinäre Aktivitäten ausführt, als auch gleichzeitig zu Fehlern und Missverständnissen führt.

Generalisierungen entstammen den früheren Erfahrungen einer Person, die in einem angenommenen Konzept repräsentativ für eine gesammelte Kategorie stehen. Die Fähigkeit, zu generalisieren, ist eine wichtige Strategie, das Leben zu meistern, beinhaltet aber auch Grenzen.

"For example, it is useful for us to be able to generalize from the experience of being burned when we touch a hot stove to a rule that hot stoves are not to be touched. But to generalize this experience to a perception that stoves are dangerous and, therefore, to refuse to be in the same room with one is to limit unnecessarily our movement in the world" (Bandler & Grinder, 1975a: 14).

Tilgungen sind ein Auswahlverfahren, bei dem wir spezielle Dimensionen unserer Erlebnisse fokussieren und andere auslassen. In einem Raum mit vielen Menschen tritt dieses Phänomen deutlich in Erscheinung, wenn wir uns auf ein einzelnes Gespräch konzentrieren und den Rest ausblenden. Fängt unsere Aufmerksamkeit ein Element in einem benachbarten Gespräch auf, welches uns interessiert, wechseln wir plötzlich den Fokus zum

Nachbarn. Das Phänomen entsteht auch, wenn Personen es bevorzugen, Unbehagliches auszublenden, oder etwas anderes hören, als gesagt wurde.

Verzerrung ist der Mechanismus, der uns gestattet einen Wechsel unserer Erfahrungen im Bereich sensorischer Informationen vorzunehmen. Gleichzeitig ist es ein Prozess, der ein Erlebnis an das eigene Modell der Welt anpasst.

A person who has at some time in his life been rejected makes the generalization that he's not worth caring for. As his model has this generalization, he either deletes caring messages or he reinterprets these messages as insincere. As he is unaware of any caring messages from others, he is able to maintain the generalization that he isn't worth caring about" (Ibid.: 16).

Das Sprachmodell zeigt auf, dass es mehr Informationen gibt, als der Klient unmittelbar bewusst wahrnehmen und zum Ausdruck bringen kann. Zudem geben die detaillierten Fragen der Unterkategorien die Möglichkeit, weitere Informationen zu sammeln, die vollständige Bedeutung der Botschaft des Klienten zu erarbeiten und dadurch ein größeres Verständnis zu schaffen. Eventuell vorhandene Begrenzungen beim Klienten werden identifiziert und neue Wahlmöglichkeiten werden aufgezeigt.

Die Anwendung des Sprachmodells ist ein grundlegender Teil der klinischen Strategie von NLP, und sie unterstreicht in den folgenden Punkten die Affinität zum Strukturalismus.

1. Die Landkarten der Menschen bestehen u.a. aus inneren Bildern (visuell), Geräuschen, Klängen und Tönen (auditiv), Gefühlen und Empfindungen (kinästhetisch), Gerüchen (olfaktorisch) und Geschmack (gustatorisch).

   Dieser Satz beschreibt die Struktur der Landkarte. Es ist eine Erklärung, wie Information über verschiedene Sinneseindrücke verarbeitet und gespeichert werden. Er hebt die wesentlichen Elemente der Wirklichkeit in der eigentlichen Struktur, der Tiefenstruktur, hervor.

2. Unsere Lebensqualität ist u.a. von der Qualität in unserer Kommunikation bestimmt.

   Hier liegt der Fokus auf der Qualität in der Transformation zwischen Tiefen- und Oberflächenstruktur. Je größer die Transformations- und Vermittlungskompetenz ist, umso besser ist die Lebens qualität.

3. Schwieriger Stoff kann durch Aufteilen bzw. Organisieren in kleinere Portionen gelernt werden (Chunks).

Komplexe Konstruktionen haben eine Struktur, die in passender Größe auf kleinere Portionen heruntergebrochen werden können. Sofern ihr Umfang von der Person zu bewältigen ist, können so komplexe Strukturen erworben werden. Diese Konstruktion zeigt gleichzeitig eine Strategie zum Lernen auf.

Bandler und Grinder betonen: "The central task of psychology, whether experimental or applied, is the understanding of human behavior. Human behavior is extremely complex. To say, however, that our behavior is complex is not to deny that it has structure. In general, modern psychology has attempted to understand human behavior by breaking it down into relatively separate areas of study... As our understanding of each of these areas grows, we continue to uncover the structure of the human behavior being described - to find that human behavior is rule governed... It is useful for an adequate understanding of this book that you distinguish between rule-governed behavior and determined behavior" (Ibid.: 1).

Allgemein wird Konstruktivismus als philosophischer Begriff verwendet, bei dem es um subjektive Konstruktion der Wirklichkeit geht. Dieser philosophische Begriff wird häufig in Verbindung mit den deutschen Soziologen Niklas Luhmann (1927 - 1998) gebracht, der an der Universität Bielefeld lehrte.

Inspiriert durch die Kybernetik und Systemtheorie weist Luhmann Wissen als Substanz zurück und beschreibt die Entstehung des Wissens als

Meta-Modell der Sprache

Menschen sprechen mit sich selbst (Bewusstsein) und miteinander.
Das an der Oberflächenstruktur Gesprochene, ist eine verkürzte Darstellung des inneren Erlebens. Durch die Gestaltungsprozesse (Generalisierung, Tilgung und Verzerrung) erfolgt eine individuelle Verarbeitung (Transformation) zwischen der Tiefen- und Oberflächenstruktur.

Das individuelle Bild der Welt wird in der Oberflächenstruktur der Sprache abgebildet. Die vollständige sprachliche Repräsentation dessen was kommuniziert werden soll, liegt in der Tiefenstruktur.

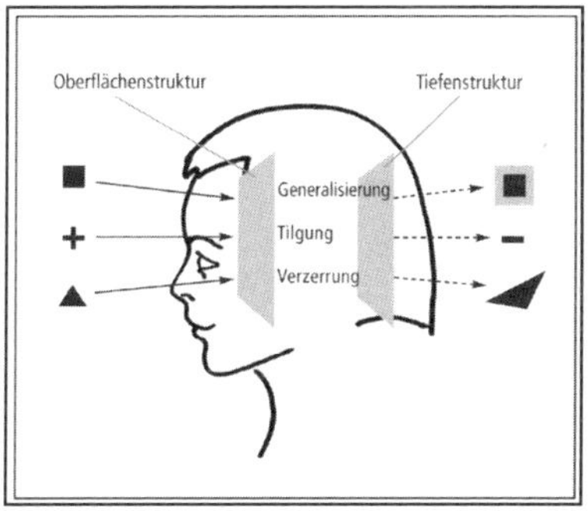

Das Metamodell der Sprache hat seinen Ursprung bei Alfred Korzybski und Noam Chomsky. Auf der Basis von Chomskys Werken legte John Grinder mit seiner Dissertation: On Deletion Phenomena 1971, die Basis für die Entwicklung des Metamodells der Sprache. Bandler und Grinder suchten nach den Sprachmustern, die für den Erfolg bedeutender Therapeuten verantwortlich waren. Richard Bandler und John Grinder beschrieben 1975 das Procedere in: The Structure of Magic: Volume I. Das Metamodell war das erste NLP-Werkzeug, das Bandler und Grinder entwickelten.

eine Auswirkung von Beobachtungen oder Aufmerksamkeit. Er stimmt mit Edmund Husserls phänomenologischem Ausgangspunkt überein, dass Phänomene eine auffällige Erscheinungsform darstellen, weil Wirklichkeit nur so erkannt wird, wie sie uns sinnlich erscheint und nicht, wie sie an sich ist.

Diese Sicht berücksichtigt die beobachtende Perspektive des Subjekts auf das Objekt. Daraus entsteht ein spezielles Problem. Der Beobachter ist ein einflussnehmender Bestandteil im Beobachtungsprozess. Er filtert das, was er beobachtet; sein Konstrukt der Wahrnehmung, seiner Beobachtung beinhaltet damit auch den Einfluss seiner Einstellungen und Vorurteile.

"Der erkenntnistheoretische Konstruktivismus weist deshalb darauf hin, dass Wissen ein Produkt des Auslegungsprozesses ist. Wissen muss als ein Potenzial verstanden werden, welches in und durch den Einzelnen als Beschreibung entwickelt wird, anstatt Wissen als etwas objektiv Bekanntes aufzufassen" (Ibid.).

In Luhmanns operativen Konstruktivismus wird der Fokus von der Auffassung, dass die Welt in und mit der Beobachtung konstruiert wird, zur selbstbeobachtbaren Handlung oder Operation verschoben. Anstatt auf den Unterschied zwischen Subjektivem und Objektivem zu fokussieren, schlägt Luhmann vor, dass die Erkenntnis durch die Betrachtung der Differenz zwischen dem System und der Umwelt entsteht. Dies setzt nicht notwendigerweise eine Diskrepanz zwischen den zwei Elementen (System und Umwelt) voraus, bedeutet aber, dass die Unterscheidung der beiden Seiten in der Darstellung von genau dieser Differenzrealität/Konstruktion dieser zwei Seiten vereint wird. Erkenntnis wird damit auf Unterscheidung zurückgeführt, die wiederum auf Unterscheidung zurückführt, usw.

Im Gegensatz zum passiven Erwerb von objektiver Wahrheit werden in der Erkenntnistheorie des Konstruktivismus, die subjektiven Werte und die subjektive Auffassung über die Wirklichkeit, also wie wir sie erkennen, aktiv eingebracht. Die Wahrnehmung der subjektiven Welt, die von jedem Individuum selbst als die individuelle Wahrheit konstruiert wird, wird in ihrer Gültigkeit durch Selbstreflektion oder in der aktiveren Auseinandersetzung mit der Umwelt überprüft.

Niklas Luhmann gilt als Begründer der soziologischen Systemtheorie. Als Beobachter der Welt können wir nach Luhmann nur das beobachten und identifizieren, was wir beobachten und auch einordnen können, und nichts, was darüber hinausgeht. Siehe Glossar: Niklas Luhmann!

Bandler und Grinder fokussieren diese Subjektivität: " We as human beings do not operate directly on the world. Each of us creates a representation of the world in which we live – that is, we create a map or model, which we use to generate our behavior. Our representation of the world determines to a large degree what our experience of the world will be, how we will perceive the world, what choices we will see available to us as we live in the world (Bandler & Grinder, 1975a: 7).

Nach Auffassung von Bandler und Grinder ist der subjektive Prozess an neurologische, soziale und individuelle Faktoren gebunden. Dieser Prozess sichert, dass unsere Sinneseindrücke, die wir ständig empfangen, strukturiert und besonders sortiert werden. Unsere sozialen Filter verwenden dabei alle relevanten Kategorien, die das Individuum nutzen kann, um aktiv am sozialen Austausch teilzunehmen. Insbesondere, die Sprache als unsere allgemein akzeptierte Kontakt - und Wahrnehmungsmöglichkeit für gemeinsame Vereinbarungen beinhaltet soziale Filter. Die individuellen Filter werden bestimmt von den Repräsentationen der Wirklichkeit, die auf der einzigartige Geschichte der einzelnen Personen basieren. Diese Geschichte des Individuums ist konstituiert aus den vielen einzigartigen Erlebnissen, die eine Person während des Lebens macht. Die persönliche Geschichte ist ebenso einmalig wie der persönliche Fingerabdruck. (Ibid.: 12).

Die folgenden durch den Konstruktivismus inspirierten Sätze werden als Grundlagen des NLP gesehen:

1. Menschen schaffen Landkarten.
Diese grundlegende Voraussetzung beinhaltet, dass das Individuum seine Wirklichkeit aus subjektiven Prozessen heraus konstruiert und sein eigenes Modell der Welt schafft.

2. Menschen reagieren aufgrund ihres Modells der Welt (von ihrem Weltbild ausgehend) und nicht geleitet von der Wirklichkeit. Diese Schlussfolgerung ist die Konsequenz aus dem vorangegangenen Satz. Er kombiniert den existenzialistischen Zugang mit eigenen Wahlmöglichkeiten und die Eigenverantwortung mit der konstruktivistischen Theorie über die illusorische Wirklichkeit.

3. Einige Landkarten liegen außerhalb des Bewusstseins!
Diese Grundannahme setzt voraus, dass unsere Bilder von der Welt einem bewussten und einem unbewussten Teil repräsentiert werden. Die Teile funktionieren als einzelne Elemente in einer zusammenhängenden Bewusstseinsstruktur.

Diese Beschreibung des NLP stimmt mit dem operativen Konstruktivismus weitgehend überein, der auch von einem durch das Individuum konstruierten Modell der Welt ausgeht. "Dass ein System sich auf sich selbst bezieht, bedeutet nicht, dass es sich im ontologischen Sinne bezieht, sondern dass es sich hinsichtlich des psychischen Bewusstheitssystems auf ein Element in Form eines Gedankens, eines Gefühls oder einer Vermutung bezieht. Systeme sind insofern operationell geschlossen, da sie nicht außerhalb eigener Grenzen operieren können. Bezogen auf die Umwelt entscheiden sie offen über jede Einheit selbst, die in ihrem System angewendet wird. Systeme lassen sich von ihrer Umwelt irritieren oder stören, aber eine Störung ist immer eine selektive Systemreaktion auf die Umwelt. Die Umwelt, von der sich das System abgegrenzt hat, ist immer komplexer als das System selbst. Das bedeutet einen Überschuss an Anschlussmöglichkeiten, da es im Umfeld des Systems mehr Elemente gibt, als das System zu verbinden vermag". (Karpatschof & Katzenelson, 2006: 359)

Der Kerngedanke der Kybernetik hebt hervor, dass alle effektiven und intelligenten Verhaltensmuster ein Ergebnis der Fähigkeit sind, relevantes Feedback (bedeutsame Rückmeldungen) zu etablieren und darauf zu antworten bzw. zu reagieren. Deshalb sind Identifikation und Etablierung von zirkulärem und wechselseitigen Feedback (loops/ Rückmeldekreisläufe) die Grundlage für jede kybernetische Untersuchung. Ziel der Kybernetik ist es, Interaktionen zwischen Systemen und Elementen innerhalb eines Systems zu untersuchen und zu beschreiben. Daher kann die Kybernetik als eine Metatheorie des Modelliervorganges angesehen werden. Es macht natürlich einen Unterschied, ob die kybernetische Untersuchung ihren Ausgangspunkt im Schwerpunkt auf die Beziehung zwischen den Systemen oder auf die Wechselbeziehung der Elemente innerhalb eines Systems legt. In der kybernetischen Theorie kann ein besonderer Ursache-Effekt nicht von seinem Kontext isoliert werden, weshalb alle Elemente als Ganzes betrachtet und berücksichtigt werden müssen.

"Causal explanation is usually positive. We say that billiard ball B moved in such and such a direction because billiard ball A hit it at such and such an angle. In contrast to this, cybernetic explanation is always negative. We consider what alternative possibilities could conceivably have occurred and then ask why many of the alternatives were not followed, so the particular event was one of the few which could, in fact, occur." (Bateson in Dilts & DeLozier, 2000: 261).

Unabhängig davon wie komplex die Zusammenhänge auftreten, eröffnet die kybernetische Theorie ein Verständnis für das System und der existierenden Teile, die beeinflusst und verändert werden können. In der systemischen Theorie dagegen werden die Struktur und Verhaltensmuster des Systems untersucht und Hypothesen aufgestellt, wie diese zu verändern sind. In der kybernetischen Theorie werden Funktionen der Unterschiede innerhalb des Systems untersucht.

Virginia Satir war Systemdenkerin und legte den Fokus auf die Struktur im Familiensystem. Ihr besonderes Interesse galt den Mustern der einzelnen Individuen und nach welchen Regeln das Famliensystem funktionierte. Gregory Batesons Fokus lag auf dem Unterschied, der den Unterschied ausmacht.

Ausgehend von diesen Theorien wird im NLP angenommen, dass jede Änderung innerhalb eines Systems, eine Veränderung des gesamten Systems nach sich zieht. Gleichzeitig wird die Veränderung der Unterschied sein, der den Unterschied ausmacht. Die praktische Konsequenz hieraus ist, dass alle Formen von NLP-Interventionen u.a. mit einem sogenannten Ökologiecheck abgeschlossen werden. Das bedeutet, dass das ganze System mit der Veränderungen eines seiner Teile konfrontiert und dabei überprüft wird, ob das gesamte System die angedachte Veränderung akzeptieren kann.

Gregory Bateson betonte, dass der Kommunikationsprozess ein System ist, das auf zwei Ebenen stattfindet:

- Dem Inhalt (content)
- und der Beziehung (relationship).

Der Gebrauch von Wörtern in der Kommunikation (digitale Kommunikation) transportiert den Inhalt, während der non-verbale Teil der Kommunikation (analoge Kommunikation) als Beziehungssignal aufgefasst werden kann.

Die verbale Kommunikation besteht aus Wörtern und Satzkonstruktionen, die bestimmten, notwendigen grammatikalischen Gesetzmäßigkeiten folgen. Werden diese Regeln befolgt, wird eine inhaltlich verständliche Botschaft geschaffen.

Die nonverbale Kommunikation, die nur interpretiert werden kann, besteht aus Körpersprache, Atemrhythmus, Puls, Gestik und Mimik, auch Tonalität. Diese beiden Kommunikationsformen können gleichzeitig widersprüchliche Botschaften ausdrücken. Bei Doppeldeutigkeit oder Widersprüchlichkeit (Inkongruenz) hat nach Bateson die nonverbale Kommunikation eine größere Gültigkeit.

Ausgehend von Batesons katgorisierenden logischen Niveaus entwickelte Robert Dilts die Logischen Ebenen, die den Klienten dazu einladen, seine Erfahrungen oder persönlichen Entwicklungsschritte - z.B. in einer Therapie- entlang verschiedenen Abstraktionsebenen zu betrachten.

In die Grundannahmen des NLP haben viele Elemente der Kybernetik Eingang gefunden:
1. Die Bedeutung der Kommunikation einer Person ist die Antwort, die sie hervorruft. Dieser Satz hat zwei Funktionen. Als erstes ordnet er die Verantwortung für die Kommunikation dem Absender zu. Zweitens signalisiert er, dass der Absender fortlaufend Feedback aus dem Kommunikationssystem erhält (vom Anderen oder den Anderen).

Logische Ebenen

Die logische Ebenen, auch neurologische Ebenen oder Gestaltungs-Ebenen genannt, sind ein einfaches hierarchisches Modell von fünf oder mehr Ebenen. Im ursprünglichen Ansatz von Dilts handelt es sich um fünf Ebenen: (1) die Umwelt (enviroment and external constraints), (2) das Verhalten (behavior), (3) die Fähigkeiten (capability), (4) die Überzeugungen (belief systems) und (5) die Identität (identity).

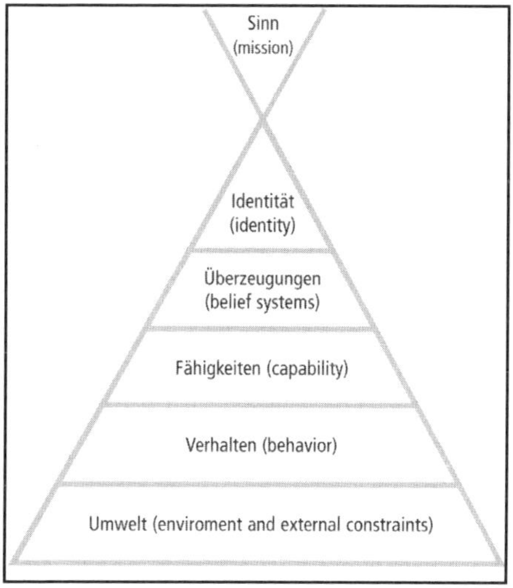

Die logischen Ebenen sind eine Klassifikation von „äußeren" und „inneren" Phänomenen hinsichtlich ihrer Wichtigkeit und ihrer Bedeutung.

Zitiert aus dem NLP-Lexikon: http://www.nlp.at/lexikon/index1.htm

2. Die Person oder der Teil des Systems, der am flexibelsten ist, hat den größten Einfluss. Hierin wird das Kräfteverhältnis der einzelenen Systemteile zueinander und ihre Auswirkung auf das Gesamtsystem beschrieben. Derjenige, der neue Möglichkeiten sieht und darauf hinweist, ist am flexibelsten und bekommt die größten Einflussmöglichkeiten in einem System oder einer Organisation. Flexibilität soll hier nicht als Nachgiebigkeit oder Unterwürfigkeit verstanden werden, sondern als Veränderungskraft, welche die Aufmerksamkeit auf den Unterschied lenkt, der den Unterschied ausmacht.

3. Man kann die Strategien anderer modellieren.
Aus kybernetischer Sicht muss jede Strategie eine Struktur enthalten. Diese kann im jeweiligen Kontext ihrer Anwendung im Hinblick auf ihre Muster untersucht werden. Eine Strategie kann einen negativen und einen positiven Effekt haben. Die kybernetische Systemtheorie geht nicht alleine auf die Beschreibung von Prozessen zwischen Menschen ein, sondern auch auf die Prozesse im Menschen selbst. Die klinische Strategie des NLP wird von der Kybernetik geprägt.

In Batesons kybernetischer Systemtheorie wird ein Element für Erhalt oder Veränderung von Struktur und Prozess wichtig: Lebende Systeme werden mit einer großen Anpassungsfähigkeit geboren. Die innere Ordnung wird in erster Linie durch autonome Regulierungen im System selbst hervorgerufen. Man vermutet, dass selbstorganisierte Systeme in einem zirkulären Prozess von Variablen der Umgebung stimuliert werden. Interaktionen zwischen dem System und Millieu bestimmen dabei jedoch nicht notwendigerweise die innere Organisation des Systems.

Die zwei wichtigsten dynamischen Phänomene in der kybernetischen Selbstorganisation sind:

A. Selbsterneuerung: Sie charakterisiert die Überlebensfähigkeit von Systemen, die auf Erneuerung seiner Elemente beruhen. Dazu ist notwendig, dass sie Zugang zu einem Fluß (flow) integrierter Ressourcen haben, die die gesamte Integrität der Srukturen respektiert.

B. Selbstranszendenz: Damit wird die Fähigkeit des Systems beschrieben, sich durch Lernprozesse, Veränderungsaktionen und Evolution zu entwickeln, um über die eigenen physischen und mentalen Grenzen der Person hinaus kreativ wachsen zu können.

Darauf führt NLP seine Annahme und Aussage zurück, dass jedes Individum die erforderlichen Ressourcen und das Potential für Veränderung in sich trägt, sich über die selbsterkannten Grenzen hinaus zu entwickeln; sofern sich die Person auf relevante Lernprozesse einlässt.

4.4 Die Phänomenologie im NLP

Einige klinische Strategien im NLP berücksichtigen stärker Aspekte der Phänomenologie, die - wie vorher aufgezeigt - mit zur Basis der NLP- Theorie gehört und mit anderen theoretischen Grundlagen vernetzt ist. Der phänomenologische Zugang ist, dass man der Wahrheit nicht näher kommen kann als in dem Erlebnis, das der Klient präsentiert. Daher werden im NLP- Vorgehen Erlebnis und dazugehöriges Verständnis des Klienten untersucht, so wie sich beides für den Klienten darstellt.

Erkenntnis entsteht aus dem Erlebnis der Phänomene, die der Einzelne in seinem Leben erfährt. Die Wahrheit liegt in dem Phänomen, das sich unabhängig von Ursache und Erklärung zeigt. Man kann somit der Wahrheit nicht näher kommen als dem Erlebnis, durch welches das Phänomen entstanden ist.

Husserl war der Auffassung, dass die Essenz dessen, was wir erleben, sich im Phänomen findet, in dem was dort in Erscheinung tritt. Das steht im Gegensatz zu Emanuel Kant, der meinte, dass sich hinter einem Phänomen eine unbekannte Wirklichkeit versteckt. Daher wird in der Phänomenologie die Suche nach Ursachen und Wahrheiten aufgegeben und , weil die Essenz im selbigen Erlebnis liegt, muss der Psychotherapeut aufgeschlossen und ohne Dogmen dem Phänomen begegnen können. Von psychotherapeutischer Seite setzt dies im Verhalten Zurückhaltung und die Offenheit voraus, tiefer in die Phänomene einzusteigen, so wie diese in Erscheinung treten.

Martin Heidegger entwickelte Husserls Theorie weiter und hob hervor, dass Phänomene verstanden werden müssen, als eigene Möglichkeit der Dinge, in Erscheinung zu treten. "Generell kann deshalb die Phänomenologie als eine philosophische Analyse unterschiedlichster Erscheinungsformen ein und derselben Sache betrachtet werden. In Anlehnung hieran stellt sie sich eine reflektive Untersuchung der Verständnisstrukturen dar, die den Dingen gestatten, sich so zu zeigen, was sie sind" (Zahavi, 2004: 13).

In der Phänomenologie wird offen, neugierig und unvoreingenommen untersucht, wann Phänomene sich dem Bewusstsein zeigen und so kann man herausfinden, in welcher Beziehung das Phänomen zum eigentlichen Erlebnis steht. Es existiert ein wechselseitiger Zusammenhang zwischen dem Bewusstsein und seinem Objekt. Daher kann die innere psychologische Welt von der äußeren Wirklichkeit nicht getrennt werden. Das Bewusstsein existiert nur durch die Kraft des Bewusstseins über Etwas und nicht durch eine unabhängige Kraft. Wenn die Phänomene untersucht werden, wird auch immer etwas über die Intentionalität der Personen offenbart.

Intentionalität bezeichnet das Vermögen des Bewusstseins, sich auf etwas zu beziehen, z.B. auf reale oder vorgestellte Sachverhalte, Gegenstände oder Eigenschaften. Edmund Husserl nutzte den Begriff als zentrales Konzept der Phänomenologie. Siehe Glossar: Husserl und Heidegger!

Da Subjekt und Objekt nicht getrennt betrachtet werden können, müssen alle Phänomene und in Erscheinung tretenden Objekte, die eine Person wahrnimmt, berücksichtigt werden. Das phänomenologische Denken steht im engen Zusammenhang mit NLP, weil die Phänomenologie ebenso wie NLP auf der Vielfalt der Erscheinungsformen insistiert. Die Wirklichkeit nimmt eine Gegenstandskomplexität ein, die nur durch die Untersuchung der Struktur des Gegenstandes beschrieben werden kann.

Phänomenologisches Denken fordert die Zurückhaltung des Psychotherapeuten, der eigene Deutungen, Haltungen und Schlussfolgerungen als Möglichkeiten/Hypothesen in Klammern setzt. Die Methode setzt voraus, dass der Psychotherapeut sich seiner eigenen Haltung und Vorurteile bewusst ist und dass dieser bereit ist, diese durch Reflexion und Supervision zu bearbeiten. Dabei entsteht mehr Erkenntnis über das eigene Verhalten und eröffnet in einem unendlichen Prozess erneut neue Schlussfolgerungen, Vorurteile, Haltungen und Erkenntnisse, die wieder reflektiert werden müssen, usw.

Wird die Phänomenologie als Methode genutzt, bleibt die Psychologie deskriptiv und minimiert die Deutungen des naturwissenschaftlichen Zugangs zum Menschen. Die Methode soll den Klienten darin unterstützen, eine Beziehung zu der Bewertung seiner eigenen Existenz zu schaffen. Damit bekommt Psychotherapie die Aufgabe, zu untersuchen und zu beschreiben, was der Klient im Laufe des Gesprächs erlebt und wie dabei das Phänomen auftritt.

Im psychotherapeutischen Setting erlebt der Psychotherapeut das Phänomen auf seine Art und der Klient auf eine andere, nämlich seine eigene. Da Bewusstsein und Umwelt sich aufeinander beziehen, werden die Erlebnisse der beiden Personen je nach Hintergrund und Geschichte des Einzelnen eine andere Prägung erhalten. Bei der Refexion des Erlebten durch den Psychotherapeuten kommen Vorurteile, Erfahrungen, Strategien und Haltungen des Therapeuten und Klienten zum Vorschein.

Der Klient erhält die Chance sein Phänomen neu zu entdecken, zu bewerten. Natürlich enthält das neue Erlebnis noch Teile des alten Modells der Welt des Klienten, jedoch entstehen neue Perspektiven und Positionen zum ursprünglichen Phänomen, was neue Strategien hervorrufen kann. Eine neue Verbindung von Phänomen und Bewusstsein kann nur aufgebaut werden, wenn der Klient innerlich bereit und aufgeschlossen ist, die Phänomene in neuem Licht zu sehen und neue Erkenntnisse zu erhalten.

Gleichwohl, wie stark und intensiv der Psychotherapeut sich anstrengt, werden die verschiedenen Modelle der jeweiligen subjektiven Welt bestehen bleiben, auch bleiben die ‚Filter' der beiden Personen erhalten. Gerade in einer NLP- Psychotherapie wird das wechselseitige Subjektivitätsproblem wertgeschätzt, weil der NLP-Therapeut sich bewusst ist, dass seine eigene innere Welt und die innere Welt des Klienten ‚Landkarten' sind und nicht als ihre äußeren Realitäten angesehen werden.

In einer therapeutischen Begegnung erfolgt zwischen Klient und Psychotherapeut ein Austausch über deren Modelle der verschiedenen inneren Welten. Dabei können die für das psychische Phänomen relevanten Erlebnisse ausgetauscht werden und die Reaktion des Psychotherapeuten auf das Klientenerleben kann zur therapeutischen Intervention werden, wenn der Fokus auf dem phänomenologischen Erleben des Klienten verbleibt. Daher ist es in der Veränderungsarbeit mit NLP nicht tabuisiert, auch Erlebnisse auszutauschen.

4.5 NLP und seine Wissenschaftstheorie auf der bisherigen Diskussionsgrundlage

Die philosophische Richtung des kritischen Rationalismus als objektive empirische Wissenschaft, die Karl Popper (1902 - 1994) repräsentierte, stellt die Forderung der Falsifizierbarkeit von Sachverhalten als leitendes Kriterium in den Vordergrund. NLP und die meisten anderen therapeutischen Richtungen, können diese Kriterien nur schwer erfüllen. Das resultiert u.a. daraus, dass viele psychotherapeutische Schulen die Existenz des Unbewussten konstatieren. Solche Systeme haben eine zirkuläre Funktion, die keine validen, objektiven, empirischen Daten liefern können und deshalb nicht falsifizierbar sind.

Thomas Kuhn (1923 - 1996) dagegen legitimiert mit dem Begriff des Paradigmas eine andere Basis für einen Rahmen, wie Daten, Methoden und Sprache angewendet werden können. Daraus entsteht ein sozialkonstruktionistischer Zugang zum wissenschaftlichen Wissen, der weitgehend mit der epistemologischen Grundlage des NLP übereinstimmt. Dabei wird das Wissen als ein Produkt der Kommunikation zwischen Mennschen und als soziale Beziehung der Menschen aufgefasst. Das Wissen ist in Sprache eingebunden und durch die Sprache geformt, die strukturell und begriffsmäßig in den kulturellen Interaktionsformen verankert ist.

Popper, Kuhn und die heutige Wissenschaft
Siehe Glossar: Sozialkonstruktionismus!

Wenn Sozialkonstruktionisten konstatieren, dass die psychologische Wissenschaft in einer begriffsmäßigen Sackgasse gelandet ist, passt diese Feststellung zum ursprünglichen Ausgangspunkt von NLP. Die Wirklichkeit ist eine soziale Konstruktion und wird zum Rahmen für die Wissenschaft. Wenn Wissenschaft versucht für universelle, eindeutige Wahrheiten eine Ordnung zu schaffen, schließt sie die Bedeutung der ursprünglichen Beziehung zwischen Wissen und der gemeinsamen Sprache aus. Wird das Wissen als wahrheitsgetreuer Kontext präsentiert, in dem es entstanden ist, werden die Handlungsmöglichkeiten der Gesellschaft zwischen Sprache und Wissen begrenzt und die Entwicklung von Theorien minimiert.

"Forms of psychological understanding are not directly dependent on the nature of things but on the vicissitudes of social process, such as communication, conflict, negotiation; they are forms of negotiated understanding and as such tools for praising or blaming, assigning or diminishing responsibility, rewarding or punishing, and exercising censure" (Bem, Sacha & de Jong, Huib Looren, 2003: 66). Diese Postolat untersützt erkenntnismäßige Überzeugungen des NLP.

Gestaltpsychologie basiert auf empirische Versuche, in denen Beobachtungen der Wahrnehmung von Ganzheiten den Ausgangspunkt für einen hypothetischen, deduktiven Ansatz bilden, universell gültige Antworten zu finden. Diese Antworten wurden nach Kausalitäten und Logik untersucht. Daher muss diese Inspirationsquelle der empirischen Wissenschaft zugerechnet werden.

Die theoretischen Säulen des NLP basieren auf der humanistisch- wissenschaftstheoretischen Tradition, wobei der Rationalismus auf der Grundlage des Subjekts und sinngebenden Zusammenhängen zur narrativen Sprache sowie Feedbackmechanismen zu verstehen ist.

Der Rationalismus (ratio = Vernunft) ist die philosophische Basis, die die objektive Struktur der Wirklichkeit über den Verstand zu erkennen versucht.

Narrative Psychologie basiert auf der Annahme, dass Individuen ihrem Leben Sinn und Bedeutung verleihen, indem sie Lebensereignisse in Form von Erzählungen präsentieren. Basis für eine Erzählung ist dabei nicht nur die Faktenlage, sondern der Glaube an die eigene Erinnerung und der Versuch des Erzählers, aus der „Hier- und- Jetzt"- Perspektive sich selbst und dem Zuhörer eine schlüssige Geschichte zu erzählen. Die narrative Therapie orientiert sich somit auch nicht an der Wahrheit einer Geschichte, sondern auf deren positiven veränderungsgebenden Impuls.

Wenn das existentielle Postulat im NLP so ausgelegt wird, dass der Mensch immer die freie Wahl hat, weil das Individuum Wahlmöglichkeiten besitzt, entfernt sich die Methode von der realistischen Welt. Es existiert offensichtlich ein Paradox! Einerseits ist die Rede von der Entfaltung der freien

Wahl des Individuums und auf der anderen Seite von gesellschaftlichen Rahmenbedingungen, wie Gesetzgebung, kulturellen Normen, Familienregeln und sozial bedingten Stereotypen und Abhängigkeiten. Das Individuum kommt in eine unübersichtliche, vielfältige Anzahl von Situationen und Anforderungen, die eine Wahl erfordern und wiederum eine große Bedeutung für die weitere Entwicklung und Platzierung in der Gesellschaft haben. Die freie Wahl, die eine Vielzahl von Variationen ermöglicht, wird immer kontextabhängig und damit mehr oder minder durch die Vorgabe von Regeln der sozialen und natürlichen Umwelt reguliert sein. Das Vertrauen in NLP ist daher abhängig von der Umsetzung und dem Umgang mit der freien Wahl.

Wenn NLP innerhalb der kulturellen Normen in einem realistischen Bereich operiert, spricht man von Wahlmöglichkeiten, die auch realistische Grenzen akzeptieren. Die Aufgabe des Psychotherapeuten wird es deshalb sein, die Wünsche und Ziele des Klienten mit den Regeln und Normen der Umwelt abzustimmen (Ökologie- Check). Deshalb muss NLP notwendigerweise von der Prämisse aus operieren, den Existentialismus ideal zu modifizieren und die soziale Organisation der Wirklichkeit zu respektieren.

Die Legitimität der Verbindung dieser vier verschiedenen Theorien ist natürlich zu diskutieren. Es ist mittlerweile nicht mehr die Rede von zufällig passenden Ausschnitten verschiedener Theorien, sondern viel mehr von vollwertiger Integration nicht divergierender Positionen für ein und denselben Gegenstand. Es ist allgemein anerkannt, dass keine "grand theory" den ganzen Bereich abdecken kann.

Diese vier theoretischen Positionen, (Existenzialismus, Strukturalismus, Konstruktionismus, Kybernetik) bilden die theoretische Grundlage des NLP. Die in der humanistischen Tradition verankerte Phänomenologie identifiziert die ihr zugrunde liegende Welt und weist Enthüllungen und Aufdeckung als ein spekulatives Postulat zurück. Im NLP wird die Existenz einer nicht unmittelbar wahrnehmbaren Welt nicht abgelehnt. Es ist jedoch weniger hilfreich sich auf „abstrakte Phänomene“ zu fokussieren, da es nicht möglich ist, dazu eine Beziehung zu kreieren und Erfahrungen zum Verhalten zu schaffen.

Wenn ein Phänomen keine konkrete Erscheinungsform hat, zu der eine Person sich verhält, kann natürlich auch kein Beweis für dieses Phänomen entstehen.

Im Gegensatz zu den Phänomenologen, die nicht zwischen der Welt unterscheiden, wie diese für uns ist und wie diese wirklich ist, wird im NLP angenommen, dass es eine Welt gibt, deren Wirklichkeit sich von Individuum zu Individuum unterscheidet. Für den NLP- Psychotherapeuten ist die geschaffene Wirklichkeit des Klienten als Ansatz für neue Erkenntnisse und Erfahrungen von Bedeutung.

Die Referenz der Phänomenologie zum Subjekt bildet unterschiedliche Intentionalitätsformen, die das Phänomen für seine Erscheinung - sein Auftreten - braucht und in Beziehung zum Individuum steht. Dadurch ist es gleichzeitig möglich, die Modalitäten zu untersuchen, zu verstehen und zu erleben.

Als Fazit kann zuammengefasst werden, dass NLP eine postmoderne Psychotherapie ist, die auf eine an sich widerspruchsfreie metatheoretische Synthese von Existentialismus, Strukturalismus, Konstruktionismus und Kybernetik aufbaut. Die Untersuchungsmethode ist die Phänomenologie. NLP muss somit in die humanistische Wissenschaftstradition eingeordnet werden.

5.0 Die klinische Strategie des NLP

Unter dem Begriff „klinische Strategie" werden hier die Prinzipien verstanden, die hinter der Anwendung von NLP stehen. Der Begriff Methode wird als Distinktion (Unterscheidung, Hervorhebung und Auszeichnung), also als Unterscheidungsmerkmal im Vergleich mit anderen psychotherapeutischen Schulen angewendet.

In diesem Kapitel wird die klinische Strategie des NLP ausschließlich im psychotherapeutischen Kontext behandelt. Das setzt eine Definition anerkannter Psychotherapien als Referenz voraus.

5.1 Kriterien anerkannter Psychotherapie

Psychologische und psychotherapeutische Theorien und Methoden werden auch in zahlreichen nicht therapeutischen Kontexten angewandt. Wenn NLP ausschließlich als Kommunikationsmodell angesehen wird, werden Zweifel am psychotherapeutischen Charackter des NLP gesät. Richard Bandlers aktuelle Definition von NLP ist: "NLP is an attitude and a methodology that leaves behind a trail of techniques" (Wake, 2008: 16).

Diese Anspielung versteht sich als Appell an jeden "Handwerker", der ein Problem mit Hilfe eines Werkzeugs lösen soll. Zu diesem Zweck ist NLP auch gut geeignet. Als Werkzeug kann es überall angewendet werden, wo der Entwicklungsprozess des Menschen im Fokus steht, z.B. im Führungsbereich, im Verkauf, in der persönlichen Entwicklung, in der Marktführung, bei Konfliktlösung, in kreativen Prozessen u.v.m. NLP bietet eingängige Werkzeuge (simple Tools) und Anschauungsmethoden, und es ist relativ einfach, die Techniken zu erlernen. Die verschiedenen Anwendungsbereiche tragen dazu bei, das Bild von NLP als eine psychotherapeutische Methode zu verschleiern. Es ist relevant zu untersuchen, ob NLP von den anerkannten Kriterien der Psychotherapie tatsächlich erfasst werden kann.

Der dänische Arzt Dr. med. Jørgen Nystrup führt zur Funktion von Psychotherapien zwei Hauptzwecke auf: Psychotherapie dient erstens der Behandlung psychischer Störungen und zweitens der persönlichen Entwicklung, dazu zählt er auch die Bearbeitung von Verlust und Traumata.

Beides wird auf der Basis einer psychologischen Theorie mit Hilfe professioneller Gesprächsführung durchgeführt. Psychotherapie fordert eine Zusammenarbeit zwischen Therapeut und Klient, die am besten als ein Vertrag mit gegenseitiger Verpflichtung beschrieben werden kann, sich über einen bestimmten Zeitraum regelmäßig zu treffen. Die Bezeichnung "professionelles psychotherapeutisches Gespräch beinhaltet, dass der Psychotherapeut eine relevante psychotherapeutische Ausbildung hat. Das psychotherapeutische Gespräch sollte selbstverständlich empathisch sein, setzt darüber hinaus aber die Anwendung von gelernten Theorien und Techniken voraus" (Nystrup: 1997: 5 - 6).

Über NLP als Therapieform schreibt Nystrup u.a.: "Theoretisch kann man sagen, dass NLP versucht, einen neuen Sinnzusammenhang und neue Handlungsmöglichkeiten zu erreichen, indem neue Verknüpfungen zwischen Sprache und Erlebnis geschaffen werden. Etwas praktischer kann man diese Therapieform damit charakterisieren, dass sie nach den Handlungskriterien arbeitet:

- Absicht und Verhalten zu trennen,
- Sinneseindrücke von Gefühlen zu unterscheiden,
- Handlungen von Gewohnheiten zu differenzieren (Ibid.: 67).

Peter Elsass, Professor am Psychologischen Institut der Universität Kopenhagen, legt Wert auf den Unterschied zwischen Psychotherapie und Gesprächen; insbesondere, weil Psychotherapie eine besondere Ausbildung erfordert. Er sieht die Grundlage für eine Psychotherapie darin, dass die Behandlung einer Person an eine psychologische Theorie gebunden wird, und der Therapeut in dieser Theorie ausgebildet ist (Elsass, 1993: 396).

Elsass diskutiert auch den therapeutischen (Super-) Markt und gibt eine Übersicht verschiedener psychotherapeutischer Methoden. Darin wird NLP nicht erwähnt.

Esben Hougaard, Professor am Psychologischen Institut der Århus Universität, legt einleitend fest, dass Psychotherapie eine Behandlung mit „klärenden" psychischen Verfahren ist, dass diese der Beschreibung einer psychologischen Behandlung entsprechen muss und innerhalb des Sozial- und Gesundheitswesens von Angehörigen bestimmter Berufsgruppen ausgeübt wird, wie beispielsweise Psychiater, Psychologen, Sozialarbeiter als die Bestetablierten. (Hougaard, 2004: 27).

Er merkt an, dass es schwierig ist, Psychotherapie abzugrenzen und zu definieren, weil es Unterschiede in den metatheoretischen Perspektiven der verschiedenen psychologischen und theoretischen Richtungen gibt. Hougaard gibt keine erklärende Definition für Psychotherapie, weist aber auf Definitionen anderer hin, die Nystrups und Elsass' Sichtweisen unterstützen.

NLP als Psychotherapie orientiert sich an den obenstehenden Definitionen und bezieht sich auf die vorgelegte Epistemologie und Metatheorie.

Die deutsche Definition von Psychotherapie lesen Sie im Glossar!

5.2 Überlegungen zur klinischen Strategie des NLP

Die klinische Strategie der NLP- Psychotherapie baut auf Prinzipien auf, die den Klienten mit dem Ziel beeinflussen und unterstützen, dass er sich, sowohl in der inneren, als auch in der äußeren Welt orientieren und neuorganisieren kann.

Die Psychotherapie ist eine Profession, die zur Anwendung kommt, wenn eine ratsuchende Person, die Unterstützung und Zuwendung benötigt, sich während einer gewissen Zeit mit einem professionellen Gesprächspartner trifft. Beide Partner haben die gemeinsame und relevante Erwartung, dass der Prozess einen sicheren Verlauf nimmt und dem Klienten positive Ergebnisse bringen wird.

Die Prozesse, die in der Psychotherapie in Gang gesetzt werden, beinhalten, dass auch der Psychotherapeut - mit seiner eigenen inneren und äußeren Welt- dem Klinten in einem gemeinsamen Orientierungsrahmen begegnen kann. Wenn die Zusammenarbeit von professionellem Mitwirken getragen werden soll, muss der Psychotherapeut sich in den relevanten psychologischen Theorien auskennen und orientieren können. Diese Orientierung am professionellen „Wissen und Können" verhilft zu effektiver und sicherer Steuerung der Zusammenarbeit und verhindert Zufälligkeiten und schädigende Interventionen. Da der Klient einen konsistenten und wirksamen Prozess erwartet, müssen die Prinzipien der klinischen Strategie auf solide und beständige psychologische Theorien aufbauen. Diese Theorien müssen gleichzeitig mit den humanistischen und ethischen Werten und epistemologischen Standpunkt des Psychotherapeuten vereinbar sein.

Theorie und Epistemologie sind selten für die direkte Anwendung im psychotherapeutischen Zusammenwirken operationalisiert worden, aber Einsicht und Erkenntnis müssen in der klinischen Strategie, die der Psychotherapeut in seiner Intervention anwendet, vereint sein. Die Elemente in der Triade von Erkenntnis, Theorie und klinischer Strategie müssen verbunden sein, wenn die inhaltlichen und methodischen Rahmen für die psychotherapeutische Sitzung abgesteckt werden. Die Triade gibt dem Klienten und dem Psychotherapeuten Sicherheit, der darin Konsequenzen und Richtung für die Psychotherapie findet.

Welche Fragen und Interventionen wie gewählt werden, sind von der klinischen Strategie abhängig. Sie gibt auch vor, wie und wann der Psychotherapeut die Wirkung der Interaktion auf den Klienten evaluieren soll. Die klinische Strategie bildet den eigentlichen Rahmen für den Behandlungsverlauf, für Interventionsformen und Wirksamkeitsüberprüfung. Sie zeigt sich in unterschiedlichen Interventionsformen (Techniken), die man Hilfswerkzeuge (tools) nennen könnte. Diese Werkzeuge haben unterschiedliche Ziele und werden in Übereinstimmung mit dem Problemfeld und Kontext angewendet.

Des Weiteren enthält die klinische Strategie Definitionen für Indikation und Kontraindikation. Eine komplexere Technik oder ein Tool alleine ist keine klinische Strategie; sie gehören jedoch als natürliche Bestandteile zu den klinischen Strategien.

Es wurde gezeigt, dass Psychotherapie auf folgenden Kategorien basiert:

1. Epistemologie,
2. psychologische Theorie,
3. psychotherapeutische Strategie,
4. psychotherapeutische Interventionen.

Danach kann die alleinige Anwendung psychotherapeutischer Techniken nicht als Psychotherapie bezeichnet werden. Nur wenn alle vier Kategorien auf das Behandlungssetting zutreffen, kann von Psychotherapie gesprochen und diese ausgeführt werden.

5.3 Passiv- analytische Psychotherapie und aktiv- strategische NLP- Psychotherapie

Die erste Hälfte des vorigen Jahrhunderts wurde von der Psychoanalyse inspiriert, in der vom Psychotherapeuten erwartet wurde, dass dieser sich passiv gegenüber dem Klienten verhielt und nur reflektierte, was der Partienten selbst äußerte. Es wurde als Manipulation betrachtet, Probleme zu fokussieren, dem Klienten zu helfen, Ziele zu setzen, oder das Ergebnis der therapeutischen Sitzung zu evaluieren.

Im Gegensatz dazu übernimmt der Psychotherapeut in der aktiv- strategischen NLP-Psychotherapie die Verantwortung für den Prozess und fordert darin den Klienten direkt auf, andere Positionen, Einstellungen und Blickwinkel zum Problem einzunehmen, als der Klient bisher wählte.

Verschiedene Therapieschulen, wie Familientherapie und Verhaltenstherapie, entstanden in den 50er Jahren. Diese Interventionsformen entwickelten aktive Strategien, wie eine dynamische Therapiesitzung verlaufen könnte. Insbesondere mit Milton H. Erickson wurde die passive Therapie herausgefordert. Ericksons Therapieinterventionen beinhalteten vorzugsweise Geschichten (Metaphern) und Tranceinduktionen. Die Anwendung dieser Interventionsformen setzte einen aktiven, initiierenden Einsatz des Psychotherapeuten voraus.

Um Hypnotherapie als strategische Psychotherapie nach Erickson auszuüben, gehören einige notwendige Fertigkeiten, die der Psychotherapeut als Voraussetzung beherrschen muss:

- Kontakt und Vertrauen zum Klienten aufbauen.
- Wissen über Coping-Probleme (Bewältigungsprobleme) des Klienten erarbeiten und anwenden.
- Klienten genau und intensiv wahrnehmen und seine komplexen Kommunikationswege erkennen.
- Menschen zu motivieren, Prozessanweisungen zu akzeptieren und ihnen zu folgen.
- Die eigenen Worte, Intonationen und Körpersprache des Klienten zu verwenden.

Das Ziel der Psychotherapie bleibt bestehen, eine autonome Person zu erhalten, die in der Lage sein wird, sich wieder weiter zu entwickeln und ihre eigene Wahl zu treffen (Haley, 1973: 20).

Hypnose ist ein Werkzeug, mit dem eine Person in tiefe Trance versetzt werden kann. Dann erreicht die Person einen nach innen gekehrten Zustand, der mehr oder minder intensiv sein kann und in dem die Person immer Kontakt nach außen behält. So wird Hypnose zu einer Kommunikationsform zwischen Menschen. Nach dieser Beschreibung von Trance ist leicht nachzuvollziehen, dass Trancererlebnisse in Alltagssituationen auch ganz natürlich erlebt werden und ohne Therapieintervention entstehen.

Diese passiv- analytische Interventionsform der Psychotherapie gibt dem Klienten eine größere Verantwortung für die gewünschten Lösungen und den Veränderungsprozess. Dabei achtet der Psychotherapeut auf die untergeordneten Phänomene, die teilweise verdeckt und unausgesprochen sind. Ohne an dem Wahrheitsgehalt der Erlebnisse des Klienten zu zweifeln, gibt der Psychotherapeut Rückmeldungen über seine eigenen Reflexionen. Dieses sind ein Angebot an den Klienten, sein Verhältnis zum Phänomen zu verändern und zu re-perspektivieren.

5.4 Modellierung

Modellierung ist ein sehr zentraler Teil der klinischen Strategie von NLP. Mit dieser Technik werden Informationen über die strategischen Muster des Klienten erarbeitet. So gilt es auch die Fragen zu beantworten, wie er dazu kommt, bestimmte negative und positive Gedanken-, Gefühls- und Handelsmuster auszuführen.

Modellierung oder Modelling, abgeleitet vom lat. modulus, modus, bedeutet eine kleinere Version des Originals bzw. Art und Weise der Anwendung des Modellierens.

Der klinische Nutzen entsteht, indem der Klient eigene Erlebnisse eines erfolgreichen oder eines negativen Verhaltens beschreibt und im Hinblick auf seine Sicht der Realität (Landkarte) zum Gegenstand der Beobachtung macht. Dadurch können verdeckte Prozesse aufgedeckt werden, die die ausgeführten Handlungen oder Reaktionen des Klienten mit seiner

Landkarte verbinden. Damit prozessbedingte Elemente der Aktionen im Verhältnis zur ganzen Handlung überblickt werden können, werden komplexe Serien von Handlungen in kleinere Einheiten geteilt (Chunks). Der Vorteil dieser genauen Modellierung von Verhalten besteht darin, detaillierte Kenntnisse über die Einzelelemente der Handlung zu erfahren und so eine pragmatische Landkarte zu schaffen, die der Klient entweder ändern oder reproduzieren kann.

Modellierung stellt kein mechanisches Vorgehen nach einem richtigen oder wahren Plan oder einer Vorschrift für erfolgreiches Verhalten dar, sondern hilft dem Klienten, ein alternatives, operationelles Modell erfolgreichen Handelns zu konstruieren, das ihm die Chance eröffnet, sich dieses Modell anzueignen und es auch anzuwenden, sofern er dies selbst als sinnvoll erachtet.

Prozesse der Wahrnehmung, des Denkens, Fühlens, Verhaltens, von Fertigkeiten, auch der Aufbau von Werten und Visionen sind Gegenstand des Modellierens. Modellieren ist ein analytisches Erforschen und darf nicht mit Nachahmung (Imitation) verwechselt werden.

"Development of new modes of response requires organization of behavioral elements into certain patterns and sequences. Theories of imitation differ as to whether component responses are integrated into new forms mainly at central or at peripheral levels. Despite the importance of the issue, there has been relatively little research on this aspect of observational learning" (Bandura, 1971: 38).

Mit der Modellierung werden erfolgreiche Strategien anderer erfasst, erlernbar und integrierbar, auch problematische Verhaltensmuster - z. B. vom Klienten - aufgedeckt. Modellierung ist die Basis für klinische NLP-Techniken, die (von Bent Hansen in Dänemark) als „Anwaltsbüro" erklärt wird. Indem der Psychotherapeut sich als Stellvertreter (Anwalt) für Gedanken, Gefühle und Verhalten zur Verfügung stellt, wird die Strategie des Klienten erarbeitet. Durch diese Technik wird eröffnet, was der Stellvertreter wie und wann genau anstellen muss, damit sich die gleichen negativen Gedanken, negativen Gefühle und das negative Verhalten des Klienten abbilden können.

Die Technik hilft dem Klienten, einen präziseren Einblick zu gewinnen, wie genau sein Problem entsteht. Die Eröffnung des Psychotherapeuten, das Problem für eine Zeit stellvertretend zu übernehmen (Anwalt), ist eine Aufwertung für den Klienten, da dieser aufgefordert wird, den Psychotherapeuten sehr präzise zu instruieren, wie dieser die Gedanken, Gefühle und das Verhalten stellvertretend aufbauen kann. Gleichzeitig eröffnet es die Sicht auf mögliche Schritte zur Problemlösung.

"Vicarious reinforcement can indirectly affect the course of observational learning if repeated opportunities are given to observe modeld performances, the observer values the observed consequences, and he assumes that matching behavior will produce similar outcomes for him" (Bandura, 1971: 48).

In klinischer Anwendung orientiert sich Modellierung exakt an der Phänomenologie, da sie ausschließlich entlang der Erlebnisse des Klienten verläuft.

5.5 Metamodelle

Strukturalistisch und strategisch gesehen, operiert NLP als Methode mit drei Metamodellen, dem:

- Linguistischen Metamodell, welches Transformationsprozesse zwischen der Tiefen- und Oberflächenstruktur untersucht.
- Funktionstheoretischen Modell der Metaprogramme, das die zent ralen Punkte einer individuellen Landkarte aufdecken soll.
- Milton- Modell, welches zum Ziel hat, einen Rahmen zu schaffen, in dem der Klient mit seinem Unbewussten kommunizieren kann.

Das Linguistische Metamodell verfolgt den Zweck, eine präzisere Kommunikation und damit ein größeres Bewusstsein für die präsentierte Problemstellung und dessen Inhalt und Bedeutung zu erreichen. Das Metamodell ermöglicht dem Psychotherapeuten gleichzeitig, größere Einsicht in die Struktur der Landkarte des Klienten und damit in die Struktur seiner Erlebnisse zu erhalten.

Das Modell hilft dem Psychotherapeuten, sich zu orientieren, dem Klienten zu folgen und bietet dem Klienten die Chance, neue Erkenntnisse und Einblicke in die Elemente seines komplexen Problems zu erhalten.

Die Metaprogramme werden in NLP als unbewusste Wahrnehmungsfilter aufgefasst, die dabei mitwirken, die Persönlichkeit eines Menschen zu formen. Durch diese Wahrnehmungsfilter wird die Aufmerksamkeit eines jeden Menschen in eine bestimmte Richtung gelenkt und mitbewirkt, welche Haltung eine Person zu Ereignissen einnimmt.

Wie wichtig die einzelnen oder alle Metaprogramme insgesamt werden, bestimmt der Kontext. Metaprogramme werden im NLP nicht als bloßes Werkzeug aufgefasst, um Menschen zu etikettieren, sondern als eleganter Weg, mögliche Gründe für menschliches Handeln zu beschreiben. Die Metaprogramme des Individuums werden über Zeit und Kontext als veränderlich angesehen, und da sich Menschen häufig im Spannungsfeld zwischen unterschiedlichen Polaritäten der Metaprogramme befinden, helfen sie dem Psychotherapeuten, sich in der Landkarte des Klienten zu orientieren. In einer Psychotherapie ist es sehr nützlich zu wissen, worauf der Klient in einem gegebenen Kontext fokussiert. Kentnisse der individuellen Metaprogramme sind ein wesentlicher Teil der klinischen Strategie des NLP.

Das Milton- Modell wird häufig das umgekehrte linguistische Metamodell genannt. Es hat im Gegensatz dazu den Sinn, eine unpräzise, offene Kommunikation zu führen. Diese bildet Leerstellen, die der Klient selbst in Übereinstimmung mit seinem Modell der Welt mit Bedeutung ausfüllen muss.

Diese Bedeutungsfindung wird häufig in Verbindung mit einem Trancezustand des Klienten angewendet. Da ein Trancezustand gebrochen wird, wenn der Inhalt der Kommunikation zu konkret und spezifisch ist, besteht das Milton-Modell aus einer Trancesprache. Diese hat zum Ziel, einen leichteren Kommunikationszugang zu den Tiefenstrukturen oder zum Unbewussten zu ermöglichen. Die Sprache im Milton- Modell wirkt einladend, indirekt und findet ausschließlich in Bezug auf die Prämissen des Klienten statt.

"The Milton Model provides fundamental structures for forming suggestions and bypassing potential conscious interferences in a subtle and non-confrontational manner. The ability to use both the verbal and non-verbal aspects of the Milton Model is considered a key communication skill for NLP practitioners" (Dilts & DeLozier, 2000: 776).

Das Milton-Modell ist nach Milton H. Erickson benannt. Es beschreibt, wie sprachliche Tilgungen, Verallgemeinerungen und Verzerrungen als therapeutische Prozesselemente eingesetzt werden können. Das Milton-Modell ist ein Katalog von Sprachmustern, um den inneren Zustand einer Person zu spiegeln, Zugang zu unbewussten Ressourcen zu bekommen und eine Person sprachlich so zu führen, dass sie ihre konkreten Inhalte aus eigener Erfahrung hinzufügt Es besteht aus einer Umkehrung des Meta-Modells und zusätzlichen hypnotischen Sprachmustern.

5.6 Perspektivische und zielsuchende Psychotherapie

Im NLP ist der Fokus auf das „Hier und Jetzt" und die Zukunft gerichtet. Die Konsequenz hieraus ist, dass der gegenwärtige Zustand des Klienten mit dem gewünschten Zustand verglichen wird. Das besagt nicht, dass die Vergangenheit als irrelevant oder bedeutungslos betrachtet wird, sondern, dass vom Klienten aufgrund früherer Begebenheiten und Schlussfolgerungen viele Barrieren für die zukünftige Zielerreichung geschaffen wurden.

Als Erstes drückt NLP sozusagen mit der simplen Feststellung die Annahme aus, dass die Geschichte einer Person nicht geändert, sondern lediglich ‚re-perspektiviert' werden kann. Zu versuchen, die Geschichte zu verändern, wäre Manipulation. NLP postuliert, dass schwierig empfundene Themen der Vergangenheit deshalb problematisch sind, weil sie im „Hier und Jetzt" als Probleme angesehen werden, mental aus der Vergangenheit in die Gegenwart transformiert werden, und weil der Klient sich aufgrund seiner inneren fixierten Bewertung oder Stellungnahme in ein problematisches, oft statisches Verhältnis zum Erlebnis positioniert hat. Die Wirkung der meisten als problematisch bewerteten und so empfundenen Erlebnisse der Vergangenheit kann durch eine Repositionierung aufgelöst oder neutralisiert werden, während die Geschichte inhaltsmässig intakt bleibt. Durch die Repositionierung verändert sich die Sichtweise bzw. die persönliche Haltung zur Geschichte und somit können auch entstandene Schlussfolgerungen überprüft werden.

Zum Zweiten ist die Geschichte ein wesentlicher Teil der Identität der Person und es wäre vermessen und unethisch, ihren Inhalt zu verändern. Zudem liegen nach NLP-Auffassung gerade in diesen Erfahrungen bedeutende Ressourcen und Einsichten, die zu Problemlösungen beitragen können und dem Klienten helfen, zu seinen Zielen zu kommen.

Zum Dritten ist Ursachenforschung oft zeitraubend und schmerzhaft. Im NLP ist es charakeristisch, dem Klienten vorzuschlagen, relevante und starke Ressourcern aufzubauen, um sie nutzen zu können, wenn die Konflikte abermals auftreten. Der Psychotherapeut initiiert und unterstützt daher den Prozess der Ressourcenverstärkung als hilfreiches Element für den Klienten, sich im Konflikt zu repositionieren.

Zum Vierten ist es zielführend einfacher und lösungsorientierter, (sich selbst) die erlebte Geschichte neu zu erklären und zu bewerten, als das Verhältnis zur Vergangenheit zu verändern.

Aus diesen vier Gründen fokussiert NLP auf zukunftsorientierte Prozesse und die Ziele, die der Klient attraktiv empfindet und erreichen möchte.

5.7 Eine Beurteilung der klinischen NLP-Strategie

Die klinische Strategie von NLP ist aus unterschiedlichen wissenschaftlichen Struturelementen aufgebaut und entspringt daher nicht eindeutig einer einzelnen wissenschaftlichen Richtung. Daher kann man - aus einer übergeordneten wissenschaftlichen Perspektive betrachtet- diskutieren, ob die klinische Strategie von NLP aus Elementen besteht, die einander ausschliessen, sich in ihrer wirksamen Ganzheit gegenseitig behindern, oder ob die Elemente sich nicht im Gegenteil aus widerspruchsfreien, sich gegenseitig ergänzenden Elementen zu einer neu strukturierten Ganzheit formt und genau deshalb eine eigenständige, zusammenhängende Methode ausmachen.

Die Phänomenologie ist deswegen eine schwer umsetzbare Methode, weil der Psychotherapeut sich in einem therapeutischen Prozeß von seinem eigenen Modell der Welt ausgehend orientiert und evaluiert. Die Zusammenarbeit mit dem Klienten wird häufig von Neugier und Erfahrung des Psychotherapeuten und von der Qualität der Beziehung geleitet. Dabei hat es eine große Bedeutung für den Therapieverlauf, ob der Psychotherapeut die Balance zwischen seinen eigenen Projektionen und seiner Kompetenz wahren kann.

Es existieren keine klaren Regeln, wann ein Psychotherapeut passiv-analytische oder aktiv-strategische Psychotherapiemethoden anzuwenden hat. Wenn eine Tranceinduktion im Therapieverlauf angewendet wird, nutzt der Psychotherapeut häufig die aktiv- strategische Methode; während die passiv- analytische Methode benutzt wird, wenn u.a. die Probleme identifiziert werden. Aber es gibt häufig fließende Übergänge und keine eindeutige, methodische Lösung in allen psychotherapeutischen Interventionsformen.

Weiterhin kann diskutiert werden, ob die strategische Methode mit dem phänomenologischen Zugang vereinbar ist. Die strategische und aktive Form kann nur mit wirklichem Respekt vor dem Modell der Welt und vor den persönlichen Erlebnissen des Klienten angewendet werden. Dadurch werden Lösungsmöglichkeiten in einer so offenen Landschaft präsentiert, dass der Klient die Landschaft nach eigenem erlebnisorientiertem Design selbst ausfüllen kann. Und weil der Klient die Lösungsmöglichkeiten nach seinem Ermessen selbst gestalten kann, unterstützt diese Offenheit in der strategischen Psychotherapie die phänomenologische Methode. Insbesondere die Beachtung und der Einbezug, der aus der Psychoanalyse bekannten Sichtweisen der Ego-Perspektive und der mangelhaften Trennung von Subjekt und Objekt eliminieren den Gegensatz zwischen der Phänomenologie und der strategischen Psychotherapie.

Es gibt keinen Einwand, die passiv-analytische und die aktiv-strategische Psychotherapie in Wechselwirkung anzuwenden. Beide Strategien verfolgen verschiedene Zwecke, können in unterschiedlichem Kontext angewendet werden und korrigieren sich an dem konkreten Modell der Welt des Klienten.

Wenn Klienten ihre Probleme - aus mehreren Elementen komplex zusammengesetzt- präsentieren, kann modeling in gleicher Weise angewandt werden. Dann erfordert es großer Erfahrung, die Variation der einzelenen Elemente präzise aufzudecken, die dann den Unterschied zwischen einer guten und einer schlechten Strategie ausmacht.

Das Linguistische Metamodell ist ein besonderes und treffsicheres Werkzeug, die Transformation von Information zwischen Tiefen- und Oberflächentruktur des Klienten zu untersuchen. Es erfordert gutes Zuhören, Einfühlungsvermögen und Offenheit für einen Dialog. Der Therapeut kann zusammen mit dem Klienten das präzise Wahrnehmungsmodell erarbeiten, das der Klient während seines speziellen Erlebnisses genau erlebt und auch welche Bedeutung dieses Erleben für den Klienten hat. Zugleich kann er beobachten, welche Wirkung es auf den Klienten hat, es auf diese Art und Weise zu erleben. Bei einer ablehnenden Haltung des Psychotherapeuten, z.B. aufgrund seines anderen Modells der Welt, kann eigener Respekt des Klienten für eine eigene Deutung reduziert, ja genommen werden.

Die Metaprogramme verführen zu der voreiligen Annahme, dass ein Mensch festen Programmen folgt. Deshalb versuchen untrainierte Anwender, diese als ein deterministisches Testwerkzeug für Typologisierungen zu nutzen. Diese Annahme ist jedoch falsch und es muss nachdrücklich festgehalten werden, dass Metaprogramme nicht als einmalig bestimmte und festgelegte Persönlichkeitszüge oder Verhaltensmuster einer Person aufzufassen sind. Metaprogramme sind flexibel bzw. veränderbar. Deshalb dürfen sie auf keinen Fall als festgelegte Persönlichkeitszüge oder Verhaltensmuster einer Person aufgefasst werden.

Am zukunftsorientierten Fokus der NLP-Veränderungsarbeit entzündet sich häufig Kritik, da NLP unterstellt wird, Geschichte und Lebenserfahrungen eines Klienten nicht zu berücksichtigen. Diese Kritik ist unberechtigt. Viele Interventionsformen des NLP wirken so treffsicher und nachhaltig, weil gerade die in der Vergangenheit des Klienten vorhandenen Ressourcen zur Veränderung genutzt und reaktiviert werden können. Zukunftsorientierte Veränderung findet in der Vergangenheit des Klienten eine Unterstützung, weil dort alle notwendigen Ressourcen auf Lager liegen und reaktiviert werden können. In den Fällen, in denen die Begrenzung des Klienten ihre Wurzeln in der Vergangenheit haben, wird der Ausgangspunkt für Intervention auch dort stattfinden.

Wie auch in allen anderen psychotherapeutischen Methoden entsteht zwischen Psychotherapeut und Klient eine therapeutische Beziehung, die auch ein Machtverhältnis beinhaltet. Wissen und Kompetenz des Psychotherapeuten und das Gefangensein des Klienten in seinem Problem verschaffen dem Psychotherapeuten automatisch eine Machtposition. Die Anwendung der psychotherapeutischen Techniken kann zusätzlich dazu beitragen, die Macht des Psychotherapeuten zu zementieren. In einem gesunden, annähernd ausgewogenen Verhältnis wird die Machtausübung zwischen den Partnern wechseln und häufig durch Gegenreaktionen ausgeglichen werden. Merkmale einer NLP- Therapie sind dabei herbeigeführter intensiver Kontakt und Vertrauen in der Therapeuten- Klienten- Beziehung. Sind die Kompetenzen extrem ungleich verteilt, ist besonders große Aufmerksamkeit des Therapeuten auf die Balance im Machtverhältnis zwischen den Partnern erforderlich.

Voraussetzungen für die Anwendung der klinischen NLP- Strategie, um positive und unterstützende Therapieprozesse zu erreichen, sind eine qualifizierte Ausbildung des Therapeuten, Selbsterfahrung mit der Wirkung von NLP und praktische Anwendererfahrung. Außerdem ist zu betonen, dass die klinische Strategie fundierte Kenntnisse der Epistemologie und NLP- Theorie voaussetzen.

Zum Vergleich habe ich die deutsche Definition von Psychotherapie und die von Klaus Grawe beschriebenen Wirkfaktoren für erfolgreiche Psychotherapie ergänzend eingefügt. Siehe Glossar: Definition der Psychotherapie und deren Wirkfaktoren nach Klaus Grawe!

6.0 Psychotherapeutische Techniken des NLP

Der NLP- Psychotherapeut wird in der Begegnung mit dem Klienten von seinem Wissen und seinen Kenntnissen der operationalisierten Epistemologie, Metatheorie und klinischen Strategie geführt:

- Das Problem eines Klienten ist - durch ständig ablaufende Feedback-prozesse- ein Teil eines größeren Systems.
- Der Klient fokussiert mit seinem Problem den Vordergrund und nicht den Hintergrund, wo häufig die Problemlösung zu finden ist.
- Der Klient hat Wahlmöglichkeiten und benötigt Hilfe, diese zu fin den.
- Die Phänomene des Klienten haben eine Struktur, die durch das Aufdecken von Mustern und Strategien identifiziert werden kann.
- Jeder Klient hat seine eigene Wahrnehmung der Realität, die nur mit minimalen Vorurteilen und Deutungen des Psychotherapeuten betrachtet und erarbeitet werden soll.
- Interventionen können einen aktiv- strategischen oder passiv-analytischen Charakter haben. Sie werden nur mit expliziter Erlaubnis des Klienten durchgeführt.

6.1 Der Fokus im NLP

Als Erstes wird der Fokus auf die Struktur der Gedanken, Gefühle und des Verhaltens gelegt. Strukturen lassen sich anhand von Mustern erkennen, weil sie Strukturen operationalisieren. Muster werden durch relevante Strategien ausgeführt, die Handlungen auslösen und vermutlich durch Nervenimpulse weitere Strategien aktivieren.

Zum Zweiten fokussiert NLP auf den Effekt der angewandten Intervention, die Struktur, Muster und Strategien verändert. Überprüft wird, ob der Einfluss und die Veränderung mit dem Ziel und Wunsch des Klienten übereinstimmen. Es ist nicht sicher, dass es ebenso attraktiv ist, die Auswirkung eines erreichten Ziels zu erleben, wie sich zu wünschen, dieses Ziel zu erreichen. Hier werden systemische Überlegungen des NLP zur Ökologie (Balance im System) relevant. Jede Veränderung eines einzelnen Elements eines Systems beeinflusst das gesamte System und deswegen muss darauf geachtet und überprüft werden, ob der erzielte Effekt der Veränderung in Balance mit dem neu entstandenen Gesamtsystem steht.

Zum Dritten dienen Feedbackprozesse als wichtige Informationsquellen. Der Kommunikationsprozess wird als dynamisch aufgefasst, weil der Effekt einer Botschaft auf den Empfänger untersucht und das Feedback des Adressaten einbezogen wird, wird auch die weitere Kommunikation beeinflusst. Das Ziel dieser Fokussierung ist, Kontakt und Vertrauen (rapport) zu etablieren, zu bewahren und zu sichern, damit der Psychotherapeut weiterhin die Erlaubnis hat, den Klienten beeinflussen zu dürfen (Hansen, 2001).

Der überwiegende Teil der NLP- Literatur beschreibt anwendbare Techniken. So sind vielfältige Manuale von Methoden und Techniken (Werkzeuge für Handwerker) als praktische Gebrauchsanweisungen für die Veränderung alltäglicher Kommunikationsprobleme entstanden. Weil diese Manuale inzwischen so umfangreich sind, werden in diesem Abschnitt selektiv nur die wichtigsten Grundgedanken der NLP- Technologie beschrieben.

Das wichtigste Orientierungsmittel für die Anwendung von NLP sind die NLP- eigenen Grundannahmen. Sie können nicht als objektive Wahrheiten aufgefasst werden, sondern als aus dem subjektiven Denken entstehende Auffassungen. Als Navigationshilfe sind sie nützlich, dem Therapeuten neue Perspektiven zu ermöglichen. Die Grundannahmen eröffnen zum Teil überraschende Auffassungsebenen im Veränderungsprozess und wirken so auch als Ressourcen (z.B. Flexibilität) für den Psychotherapeuten. Er kann dadurch in der Aufdeckungsarbeit und bei der Anwendung der ausgewählten Interventionsform unterschiedliche Akzente setzen und neue Positionen beziehen.

Eine der provozierendsten Grundannahmen ist: „Hinter jedem Verhalten steht eine positve Absicht." Der Satz provoziert, weil es schwierig ist, das Verhalten mit seinem daraus resultierenden Effekt von der Absicht zu trennen, die hinter dem Verhalten steht. Auch, weil die Frage nach der Absicht oft vermuten lässt, dass eine Antwort auf die eine oder andere Art zu Gunsten des "Täters" ausgelegt wird. Der Satz erhält seinen Wert, wenn der Zweck eines Verhaltens auf eine andere, eine nicht schädigende Art und Weise verfolgt werden kann und diese Veränderung des Verhaltens zudem bessere Aussicht auf Erfolg hat. Der Satz legitimiert nicht das Verhalten, sondern eröffnet Möglichkeiten für eine Änderung des Verhaltens, indem er auf die hinter dem Verhalten liegende, die Absicht verfolgende psychischen Kräfte aufbaut.

Wenn der Klient die positive Absicht hinter seinem zu verändernden Verhalten untersucht, erfährt er oft eine Verminderung eigener Schuld und Scham, weil die Intention der Untersuchung positiv auf ihn wirkt. So wird er in die Lage versetzt, alternative Verhaltensweisen mit gleichem Zweck zu erkennen. Die meisten positiven Absichten wollen etwas Wünschenswertes erreichen oder jemanden beschützen.

6.2 Rapport

Rapport (engl.) bedeutet, dass die Gesprächspartner auf einer "Wellenlänge" liegen. Der Terminus bezeichnet den Zustand eines guten Kontaktes und gegenseitgen Vertrauens in der Begegnung. In einem normalen Alltagsgespräch ist die Aufmerksamkeit selten im Rapportzustand. NLP postuliert, dass Rapport als notwendige Voraussetzung hergestellt werden muss, damit der Psychotherapeut vom Klienten die Erlaubnis zur Einflussnahme erhält und einen förderlichen Zustand zwischen den Individuen erzeugen kann, um bestimmte Wirkmechanismen der Veränderung zu installieren. Bei der Beobachtung von Menschen in unserer Umgebung können wir oft diesen Rapport oder den Mangel desselben in der Körpersprache beider Individuen ablesen. Die verschiedenen Körperhaltungen, Gestik und Mimik ähneln sich, wenn die Partner in Resonanz schwingen und einander vertrauen. Ist das Gegenteil der Fall, werden Körpersignale typische Asymmetrien und Unterschiede (missmatching) mehr oder weniger ausgeprägt ausweisen.

"Der therapeutische Prozess kann nur auf der Basis einer tragfähigen, respektvollen Beziehung, die von gegenseitiger Wertschätzung geprägt ist, erfolgen. Daher ist auch die erste und wichtigste Aufgabe der NLP-Therapeutin, eine tragfähige Beziehung herzustellen, die durch Vertrauen und Respekt, Wertschätzung, Empathie und partnerschaftliche Zusammenarbeit gekennzeichnet ist. In der Neuro-Linguistischen Psychotherapie (NLPt) wird das als Rapport bezeichnet" (Schütz & Jelem, 2001: 128).

Der Effekt des Matching (Angleichens) scheint einen neurologischen Ursprung zu haben. Neue Veröffentlichungen über die Präsenz von "Spiegelneuronen" und "adaptiven Oszillatoren," auch die immer umfangreichere Literatur über frühe Imitation deuten darauf hin, dass Säuglinge wahrscheinlich von Geburt an die Kapazität haben, was Braten (1998) „alterozentrische Teilnahme" oder Trevarthen (1979) schon lange „primäre Intersubjektivität" nennt. Zum Nachweis der „Spiegelneuronen" haben Rizzolatti & Arbib (1998) entscheidende Forschungsergebnisse beigetragen. Sie haben „Spiegelneuronen" im prämotorischen Cortex bei Affen gefunden.Führt ein Affe eine Geste aus, die Hände und Mund involviert, „feuern" gewisse Neuronen in diesem Bereich. Sieht ein anderer Affe den ersten Affen diese Gesten ausführen, „feuern" "Spiegelneuronen" im Gehirn des anderen Affen in exakt derselben Hirnregion, wie bei dem Affen, der die Bewegung vollzieht. Dies gibt vermutlich dem achtgebenden Affen eine neurobiologische Grundlage, in seinem eigenen Körper in irgendeiner Form das zu erleben, was in dem Körper des anderen vor sich geht. Das hat einleuchtende Implikationen für affektive Resonanz, Imitation, Intersubjektivität und Empathie. Diese Experimente wurden bei Menschen immer noch nicht wiederholt" (Stern, 2003: 21).

Der NLP- Psychotherapeut wird auf die Gestik, Mimik, Tonalität und Wortwahl des Klienten achten und wird immer wieder versuchen, eine symmetrische Position zu schaffen, die nicht identisch ist, aber dennoch dieselbe Richtung andeutet. Gleichzeitig beobachtet der Psychotherapeut, welches Feedback vom Klienten kommt. Diese zwei Phänomene bezeichnet man auch als ‚matchen' und ‚kalibrieren'. Wenn ein Klient vorzugsweise auf Unterschiede und Ungleichheiten fokussiert, wird es notwendig sein, den Klienten zu missmatchen, um Rapport zu schaffen. Kenntnis und Anwendung dieses umgekehrten Rapports ist nützlich, wenn der Klient konsequent alle Vorschläge des Psychotherapeuten abweist, sich die Bedeutung des Phänomens aus anderen Perspektiven zu überlegen.

6.3 Filter der Wahrnehmung

Eine Folgerung aus den Grundannahmen des NLP, dass Transformationsprozesse zwischen Tiefen- und Oberflächenstrukturen existieren, ist die Annahme der Existenz einer Reihe von Wahrnehmungsfiltern, die vornehmlich unbewusst sind.

Folgende Filter sind bekannt:

- Erfahrungsfilter verbinden das „Hier und Jetzt"- Verhalten mit früheren Erfahrungen, inklusive den Schlussfolgerungen, die diese Person aus den Erfahrungen gezogen hat.
- Wertefilter helfen einer Person die Wichtigkeit einer Situation zu erkennen. Sie tragen, in vielen konkreten Situation zur Entstehung bzw. Klärung der Motivation bei.
- Überzeugungsfilter tragen zur Aufklärung bei, ob für das Individuum etwas richtig oder falsch ist und entscheiden mit, wie hoch die Motivation ist.
- Fokusfilter lösen Strategien aus, die einer Person helfen, auf für sie sinnmachende Situationen und darin enthaltene Aufgaben zu fokussieren (Metaprogramme).
- Sensibilitätsfilter bilden die Brücke zwischen der Wirklichkeit und den Wahrnehmungsinhalten der übrigen Filter. Dieser Filter liefert Informationen, gleichsam das Rohmaterial aus dem Kontakt zur Umwelt und sortiert den Input der Wirklichkeit durch Generalisierungen, Tilgungen und Verzerrungen.
- Reflexionsfilter überprüfen das Rohmaterial der Sinneswahrnehmung auf das darin enthaltende rationale Potential und schaffen eine Basis für einen inneren Dialog, dessen Ziel es ist, die Logik des Geschehens zu verstehen.

Es gibt keine wissenschaftlichen Belege für das Vorhandensein dieser Filter. Die Grundidee ist, mit Hife dieser NLP-Grundannahmen ein Erklärungsmodell für die Prozesse zwischen Tiefen- und Oberflächenstruktur vorzulegen. Ein Psychotherapeut kann sich auf dieser strukturierten Grundlage an den Filtern orientieren und da diese mit dem Weltmodell des Klienten in Zusammenhang stehen, dabei gleichzeitig relevante und aufklärende Fragen stellen.

6.4 Teilearbeit

Als Konsequenz aus dem kybernetischen und systemischen Zugang postuliert NLP, dass mit den einzelnen Elementen oder Teilen des Systems (parts) gearbeitet werden kann, sofern diese Teile anschließend mit Veränderungen wieder in das System eingepasst werden. Das ermöglicht, eine

Problemstellung isoliert oder eingegrenzt zu behandeln, je nachdem, ob das Problem durch ein Element oder mehrere Elemente repräsentiert bzw. hervorgerufen wird. Es ist daher nicht das unbehandelte Gesamtsystem, das ein Problem verursacht, sondern eher ein einzelner Teil oder wenige Teile, die das Problem repräsentieren. Wenn eine Person z. B. eine suizidale Entscheidung fällt, baut der Klient auf eine generalisierende Schlussfolgerung auf, dass das ganze System nicht funktioniert und deshalb das gesamte System Mensch getötet werden muss.

Satir, Perls und Erickson berichten gezielt über Teile oder "splitting personality" (Wake, 2008: 129).

Dilts beschreibt die Teile folgendermaßen: "Phenomenologically, we tend to become aware of different parts through inner conflict or incongruence. For instance, people may talk about themselves as being essentially 'confident' and 'powerful' but have 'parts' of themselves that are more 'doubtful' or 'vulnerable'. A person may think of himself or herself as essentially 'realistic' but also having 'parts' that can be 'creative' or 'critical'. It is not uncommon for adults to talk about a part of themselves that are still a 'child' or 'childlike'. We have probably had the experience in which it seems that a 'part' of ourselves want to do something while some other 'part' is hesitant or afraid to commit (Dilts & DeLozier, 2000: 926).

Die verschiedenen Teile des Systems können verschiedene Absichten, Ziele und Fertigkeiten haben, und sich auch mit anderen Teilen des Systems und dem Bewusstsein einer Person verbunden haben.

Die Arbeit mit den einzelnen Teilen eines Systems der Person ist ein wichtiger Teil der psychotherapeutischen Vorhehensweise im NLP. Wurzeln der Teilearbeit gehen weit zurück bis zu William James, der verschiedene „Ichs“ sondierte. Auch Jungs Theorie über die verschiedenen Schattenseiten (Archetypen) des Individuums beinhaltet eine Aufteilung in Persönlichkeitsanteile.

Ein dem NLP ähnliches Teile- Modell wurde von Friedemann Schulz von Thun vorgestellt. Es wurde als Persönlichkeitsmodell des „Inneren Team“ populär. Lit.: Miteinander reden 3 ISBN: 3-499-60545-7

"Das Teilekonzept ist eine therapeutische Realitätskonstruktion des NLP, die jedoch häufig von Klienten spontan als Beschreibung ihrer inneren Wirklichkeit angeboten wird. Es erlaubt, richtig utilisiert, festgefahrene Strukturen einer Dynamisierung zuzuführen und innere Konflikte und Ambivalenzen in eine handhabbare, kreative und flexible Struktur zu bringen. Viele NLP-Modelle setzen das Vorhandensein innerer Teile voraus, so z. B. die Reframing-Techniken. Das Teilekonzept kann zur Beschreibung der Struktur verschiedener Krankheiten, wie z.B. der manisch-depressiven Erkrankung, der Borderlinestörung, der Multiplen Persönlichkeit oder bei psychotischen Störungen herangezogen werden und von Nutzen sein" (Schütz & Jelem, 2001: 105).

Im psychopathologischen Feld, wird Teilearbeit als ein besonders gutes Veranschaulichungsmodell beschrieben. NLP fasst Teilearbeit als eine Metapher für Systeme von Überzeugungen, Zuständen, Ideen und Fähigkeiten auf. Als ein Fundament für die Art des Bewusstseins verschiedene Subsysteme des Individuums zu konstruieren, die mehr oder minder unabhängig von einander agieren können, aber dennoch zu ein- und demselben Gesamtsystem des Individuums gehören.

6.5 Submodalitäten

Im NLP beziehen sich die Modalitäten auf die Sinneswahrnehmungen. Submodalitäten drücken deshalb die darunterliegende Substruktur der Sinnesmodalitäten aus. Das, was der Klient sieht, hört und fühlt, wird als Basismaterial für Erlebnisse und später für ihre Bearbeitung aufgefasst, wobei nicht allein interessant ist, was der Klient sieht, hört und fühlt, sondern eher wie der Klient sieht, hört und fühlt.

Die ersten Studien über Details in Submodalitäten wurden von Francis Galton durchgeführt und 1880 in "Inquires into Human Faculty" veröffentlicht. Galtons Forschung wurde von William James als Grundlage für die Bewertung des Einsatzes einer Sinneswahrnehmung im Vergleich zu einer anderen verwendet.

Schon Aristoteles hatte die sinnesmäßigen Qualitäten im Erlebnis von Schmerz und Lust zusammengefasst. Die erste systematische Erklärung von Submodalitäten wurde 1978 von David Gordon vorgelegt, in der er die Submodalitäten als Einflüsse auf die subjektiven Erlebnisse des Individuums beschreibt (Gordon, 1978).

In der Terminologie des NLP sind alle Eindrücke der Wirklichkeit prinzipiell neutral und in der eigenen Aussagekraft ohne Bedeutung. Entscheidend ist, welche Bedeutung der Klient den Eindrücken beimisst.

Daher ist es von großer Bedeutung, wie der Eindruck der Wirklichkeit im Bewusstsein und Unterbewusstsein organisiert und platziert wird. Es ist der zugrunde liegende Repräsentationsprozess, der durch Submodalitäten genau beschrieben und verarbeitet wird, und das Rohmaterial der Wirklichkeit an die Sinnesfilter liefert.

"Submodalities are the particular perceptual qualities that may be registered by each of the five primary sensory modalities. Each representational system is designed to perceive certain basic features of the experiences it senses. Our visual modality, for instance, can perceive such qualities as color, brightness, shape, depth, etc.; our auditory modality is capable of registering volume, pitch, tempo, etc.; our kinesthetic system perceives such qualities as pressure, temperature, texture, etc., and so on" (Dilts & DeLozier, 2000: 1349).

Die oben genannten Wahrnehmungsqualitäten werden Submodalitäten genannt, weil sie innerhalb der fünf Sinnessysteme genauere Unterkategorien bilden. Die Pole der Submodalitäten treten oft in Gegensatzpaaren auf und liegen auf einem Kontinuum zwischen diesen Sinneswahrnehmungen. Eine visuelle Repräsentation kann folglich: eher klar oder eher diesig, eher dunkel oder eher hell, eher schwarz-weiß oder eher farbig, eher bewegt (Film) oder eher stillstehend (Bild), eher nah oder eher fern und eher groß oder eher klein sein, usw.

Im NLP wird angenommen, dass die Qualität der Submodalitäten das Verhältnis der Person zur Wirklichkeit bestimmt. Es sind auch die Submodalitäten, die einer Person die Möglichkeit geben, zwischen Wirklichkeit und Vorstellungen, Erinnerung und Fantasie, Gedanken und Gefühle u.v.a. zu unterscheiden. Auch die inneren Dialoge des Individuums werden von Submodalitäten beeinflusst. "Genauso wie wir innere Bilder haben, so kennen wir auch das Phänomen der inneren Stimmen. Die innere Stimme kann unsere eigene, die eines Elternteils oder einer anderen wichtigen Person sein, die uns z. B. ermahnt, kritisiert und/oder belehrt und uns somit z. B. ein Gefühl der Unsicherheit vermittelt. Mit diesen inneren Stimmen kann man genauso verfahren wie mit inneren Filmen, indem man die Submodalitäten verändert. Es kann z. B. der Ort verändert werden, von dem aus die Stimme zu hören ist, oder man kann eine andere Körperhaltung einnehmen" (Schütz & Jelem, 2001: 153)

Die wesentlichen Techniken, die sich auf die Submodalitäten stützen, nennen sich Wechseltechniken (Visual Swish, Auditory Swish & Kinesthetic Swish) und wurden von Bandler entwickelt. "Das Modell beschreibt einen kognitiven Prozess, durch den das Gehirn veranlasst wird, eine neue Richtung einzuschlagen (Bandler, 1987: 151).

Bei dieser Technik geht es darum, von einer internen Bildvorstellung zu einer anderen zu wechseln, wobei aufgrund von wirkungsvollen Submodalitätenveränderungen die eine automatisch zum Auslöser für die andere wird" (Ibid.)

Grob betrachtet, sind Submodalitäten mehr oder weniger in allen NLP-Techniken als Ausgangspunkt für die psychotherapeutische Arbeit involviert. Dadurch besteht auch die Möglichkeit, submodale Fehler zu installieren. Die Sinneswahrnehmung des Klienten kann so sehr verwirrt werden, dass man auch "false memory" installieren kann. Daher fordert besonders die Arbeit mit den submodalen Techniken, dass der Psychotherapeut eine tiefere Kenntnis der psychologischen Mechanismen hat und ethisch und ökologisch korrekt mit den Klienten arbeitet.

Nach meinem Verständnis sind Submodalitäten die Schnittstellen zwischen Psyche und Umwelt. Richtig angewendet, wird submodale Veränderungsarbeit zu einer der wirksamsten und effizientesten psychotherapeutischen Interventionen. Siehe Glossar: Submodalitäten!

6.6 Zielorientierung

Die Entwicklungsgeschichte einer Person mit ihrem kulturellen und persönlichen Hintergrund und ihrer Lebenserfahrung wird in ihrer Bedeutung und Wichtigkeit gesehen und anerkannt. Dennoch ist der Fokus im NLP auf das Ziel gerichtet, die vorhandene problematische Situation des Klienten in einen erwünschten Zustand zu verändern.
Insbesondere die folgenden zwei Modelle fokussieren diesen vorwärtsgerichteten Prozess:

- T.O.T.E. - Modell
- SCORE - Modell

Das T.O.T.E. - Modell wurde 1960 von George A. Miller, Eugene Galanter und Karl Pribram entwickelt und zeigt auf, mit welcher Strategie Individuen ihre Ziele erreichen. T.O.T.E. steht für Test 1 – Operate – Test 2 - Exit.

"This model indicates that, as we think, we set goals in our mind (consciously or unconsciously) and develop a TEST for when those goals has been achieved. If a particular goal is not achieved, we OPERATE to change something or do something to get closer to our goal. When our TEST criteria have been satisfied we then EXIT on to the next step" (Dilts & DeLozier, 2000: 1434).

Dieses Modell beschreibt die kybernetische Annahme einer abstrakten Verhaltens-Steuerungseinheit, also die Fähigkeit des Systems zur Selbstkorrektur durch das Feedback der Elemente im System. Egal, ob das System aus der Umwelt, einer Messung, aus der Konsequenz der Handlung der Person oder aus Selbstreflexion stammt, der Lern- und Steuerungsprozess des Individuums ist abhängig vom Feedback. Ein effektives Feedbacksystem setzt eine Kette mit den Elementen eines beweisfähigen Tests, danach eine Operation, dann wieder einen Test und eine neue Operation usw. voraus, bis das Individuum sein Ziel erreicht hat. Wenn ein Ziel nur Teilergebnisse erfordert, wird der beschriebene Prozess für diese untergeordneten Teilziele stattfinden, bis das gesamte Ziel erreicht ist oder schließlich aufgegeben wird.

Das SCORE-Modell ist ein Arbeitsmodell, das vorzugsweise auf Muster des Metamodells aufbaut. Das Modell wurde 1987 von Robert Dilts und Todd Epstein entwickelt und nach den Anfangsbuchstaben (Symptoms, Causes, Outcome, Resources & Effect) "The SCORE model" genannt. Der systematische Ansatz dieses Modells ist von dem Wunsch getragen, über Mobilisierung von Ressourcen eine dynamische Entwicklung vom Problem zur Lösung zu erreichen. Das Modell beinhaltet:

- Symptom (Problemsituation oder Symptom)
- Causes (Ursache oder Geschichte)
- Outcome (gewünschter Zustand, Ziel)
- Ressource (Ressourcen)
- Effect (Wirkung, Folge, Schlußfolgerung).

Ein wichtiger Teil des NLP ist die Anwendung von Technologie (der Werkzeugkiste), die in Anlehnung an die individuellen kognitiven Strategien des Individuums Problemlösungen herbeiführen sollen. Dafür sind obige zwei Modelle von großer Bedeutung.

6.7 Trancezustand als klinische Strategie

Viele NLP-Techniken werden mit Tranceinduktionen kombiniert und so optimiert durchgeführt. Durch die Tranceinduktionen soll der Klient einen Zustand optimaler Veränderungsbereitschaft erreichen, weil sein Fokus nach innen gerichtet und auf seine inneren Prozesse konzentriert wird. Ausgenommen sind dabei alle Aufdeckungstechniken, die im nach außen gerichteten Zustand stattfinden.

"Hypnosis is considered by many to be a doorway to the 'unconscious' or 'other than conscious' aspects of mind or experience. It is this aspect of hypnosis that can make it an effective therapeutic tool" (Dilts & DeLozier, 2000: 508).

Der Effekt, der durch Hypnose oder einen Trancezustand erreicht werden kann, hängt von der angewendeten Form der Induktion ab. In der normalen Form wird die Person über eine Entspannung in einen Trancezustand geleitet, der dem Halbschlaf ähnelt. Im Trancezustand kann sie durch vorschlagartige Aufträge von außen angeregt werden, unterschiedliche hypnotische Phänomene zu erleben.

Bandler, Grinder & DeLozier (1975) entdeckten folgende Sprachmuster bei M.H. Ericksons:

Ursachenzusammenhang	Aussagen, die einen direkten Zusammenhang zwischen zwei Begebenheiten induzieren. (Während du tief einatmest, werden deine Augen sich langsam schließen. Nachdem du ein deutliches Bild geschaffen hast, beginnst du dich zu entspannen.)
Mehrdeutigkeit	Aussagen, die mehr als eine Bedeutung haben. (Deine Hand ist ein Teil von dir und getrennt von dem Gefühl im übrigen Teil deines Arms. Stell dir vor, das Gefühl von einem Stein in deiner einen Hand wird zu einem Gefühl in deiner anderen Hand.)
Voraussetzung	Aussagen oder Vorschläge, die bereits ein bestimmtes Verhalten voraussetzen. (Möchtest du jetzt oder erst etwas später in Trance gehen? Gehe nicht zu schnell in Trance!)
Eingebettete Befehle	Durch Änderung der Tonart kann aus einer Aussage ein Kommando geschaffen werden, indem Teile der Botschaft unterstrichen werden. (Es gibt wirklich keinen Grund dafür, deine Augen zu schließen und tief einzuatmen.)
Metaphern	Aussagen über die Person, als wäre diese etwas anderes oder jemand anderes.(Als ich klein war, erzählte mir meine Mutter eine Geschichte über einen kleinen Hasen, der auf Reisen ging und viele Dinge lernte...)
Non-verbale Marker	Stimmenspiel, Gestik, Mimik, Berührung.

Um hypnotische Methoden anwenden zu können, müssen Klient und Psychotherapeut Einigkeit und Klarheit über die explorierte Problemstellung und die gewünschten Ziele des Klienten hergestellt haben. Es ist immer von Vorteil, eine gute Arbeitsatmosphäre zu schaffen, in der der Klient sich sicher und geborgen fühlt.

Der Klient kann jederzeit den Trancezustand unterbrechen. Das passiert immer dann, wenn der Psychotherapeut fälschlicherweise versucht Elemente zu installieren, die dem Wunsch, den Werten oder der Überzeugung des Klienten widersprechen. Praktisch hat der Klient die kontinuierliche Kontrolle über sich selbst und ist im Kontakt mit der äußeren Welt.

6.8 Regression, Reimprinting und Timeline

In den meisten Formen von Psychotherapie spielen regressionstheoretische Annahmen eine große Rolle und sind in der psychologischen Literatur zahlreich beschrieben. Im NLP wird auch angenommen, dass das Individuum sich in seinem Zeitschema (Vergangenheit – Gegenwart –Zukunft) und an früheren Erfahrungen orientiert. Die zwei am häufigsten angewandten NLP-Techniken, die sich an der Zeit orientieren, sind Reimprinting und Timeline Therapy (Zeitlinien-, Lebenslinientherapie oder Biographiearbeit).

Reimprinting (Neuprägung) wird angewendet, wenn der Klient einengende Lehren aus den Vergangenheitserlebnissen gezogen hat, die seine Wahlmöglichkeiten des Erlebens und Verhaltens in der Gegenwart einschränken. Anstatt wie in der Psychoanalyse zu früheren in der Vergangenheit fixierten Impulsen zu regredieren und die früheren Situationen erneut wiederzuerleben, wird der Klient im NLP mit Hilfe von Lebenslinientechniken auf seine "Zeitreisen" geführt. Mit ausgewählten und hinzugefügten Ressourcen für sich und andere Beteiligte wird er zu einem verändernden Erleben der Situation in der Vergangenheit begleitet, um neue Einsichten und ein besseres Verständnis zu erreichen.

Mit den selbst hinzugefügten Ressourcen, über die der Klient heute verfügt und die er damals gebraucht hätte, um der einschränkenden Prägung zu entgehen, entstehen neue assoziative Verbindungen im Erleben und Verhalten. Durch den Prozess einer Neuprägung wird es möglich, die Wahrnehmung und Sichtweise des Klienten bzgl. des Verhältnisses zu damals Beteiligten neu zu sortieren. Die an dem Erlebnis ursächlich mitwirkenden Personen werden vom Klienten in ihrer jeweiligen Rolle modelliert. Dadurch sieht und erlebt er die Situation neu, erfährt eine veränderte Position zum Verhalten der Anderen und gewinnt eine Identifkationsmöglichkeit mit der erlebten Erfahrung. Gleichzeitig wird er in die Lage versetzt, mit den neuen Erfahrungen und neuen Erkenntnissen positive Intentionen der Akteure zu untersuchen.

"In reimprinting one is not seeking merely a new solution to a past 'event' but rather an integration of stages of life and an updating of one's system of relationships with 'significant' others" (Dilts & Delozier, 2000: 1081).

Im NLP beinhaltet der Begriff „Zeit": Lebensgeschichte und "Timeline-Techniken" (Zeitlinien- oder Lebenslinien- Techniken). Sie bauen auf ein strukturiertes, lineares Zeiterlebnis auf, indem die Sinne zwischen Vergangenheit, Gegenwart und Zukunft unterscheiden können. Wenn man diese Unterscheidung wörtlich nimmt, kann der Psychotherapeut dem Klienten vorschlagen, zu dieser Zeitleiste sowohl vorwärts- als auch rückwärtsverlaufend Kontakt aufzunehmen.

Die Timeline- Methode wird angewendet, wenn Ressourcen aus positiven Erlebnissen der Vergangenheit genutzt und für gegenwärtige Herausforderungen hervorgerufen werden sollen und wenn attraktive Ziele installiert werden, an denen sich das Unbewusste orientieren können soll. Timeline-Techniken werden auch genutzt, um den Klienten zu helfen, sich von traumatischen Erlebnissen befreien zu können. Indem aus sicherer Distanz verschiedene Aspekte des Erlebnisses untersucht und dabei relevante Ressourcen entdeckt oder hinzugefügt werden, wird dem Klienten ermöglicht, sich von negativen Konsequenzen des Erlebnisses zu befreien und sich damit auf eine neue Art zu positionieren.

"The contribution of NLP to the exploration of time perception has been on the structure and influence of individual time lines and how individual time perception may be altered to produce specific therapeutic changes and to coordinate better with others" (Ibid.: 1430).

6.9 Reflektionen der Techniken des NLP

Zahlreiche Bücher über NLP enthalten rezeptartige Gebrauchsanleitungen für NLP- Techniken, ohne auf deren Indikationen und Kontraindikationen einzugehen. Das Motto ist häufig: "Wenn etwas nicht gelingt, dann probiere etwas anderes!"

Diese Pragmatik als alleiniges Kriterium für die Anwendung einer NLP-Technik ist unzureichend und eher unglücklich zu nennen. Das erweckt den Anschein des Zufälligen, kostet auf jeden Fall Zeit und Geld des Klienten und im schlechteren Fall wird er Interventionsformen ausgesetzt, die zu seinen anfänglichen Symptomen weitere und vielleicht ernstere hinzufügen kann. Diese handwerkliche Empfehlung mag als Handlungsmaxime für qualifizierte Psychotherapeuten geeignet und hilfreich sein, aber dadurch entsteht auch eine Aura der Leichtigkeit und Simplifizierung der NLP- Techniken. Werden diese oft stereotypen und einfachen sprachlichen Anweisungen mechanisch angewandt, erscheinen sie im Ergebnis normativ, unflexibel und unglaubwürdig.

Viele Begriffe im NLP haben metaphorischen Charakter und erfordern eine relevante und spezifische Anpassung an den konkreten Klienten. Diese Übersetzungsarbeit gelingt nur mit relevanten psychologischen Kompetenzen, Erfahrung und Flexibilität.

Die Arbeit mit Submodalitäten erfordert großen Respekt vor der inneren Welt des Klienten und Wissen über dessen Persönlichkeit. Die Anwendung von NLP ohne diesen Respekt, sogar fehlenden oder sehr geringen psychologischen Kompetenzen muss daher als unethisch und sehr problematisch beurteilt werden. Im schlimmsten Fall kann es schädlich für die Klienten sein, wenn sie von NLP- Anwendern mit nicht ausreichenden Kenntnissen behandelt werden.

Wenn in der Praxis NLP-Techniken in der ursprünglich erlernten Form präsentiert werden, trifft man häufig auf formelhafte sprachliche Ausdrücke, die wegen ihrer inhaltlichen Bedeutung oft schwer in andere Sprachen übertragen werden können. Die Fachtermini des NLP stammen aus dem Amerikanischen und es erfordert eine gewisse Kreativität, diese Terminologie sowohl in die jeweilige Landessprache als auch in den Verständnisrahmen des Klienten zu übertragen. Dies bedeutet, dass die Benutzung der Fachterminologie in der Kommunikation mit dem Klienten auf Verständnisbarrieren stoßen kann.

Der Unterschied zwischen dem Erlernen und dem Anwenden von NLP ist groß und lehnt sich nicht allein an die Sprache an. Die Techniken müssen notwendigerweise in der Lehre standardisiert sein und auf Prinzipien bauen, während in der therapeutischen Praxis dem Individuum mit seinem einzigartigen Modell der Welt Rechnung getragen werden muss.

Sollte der NLP- Psychotherapeut keine klientengemäße und verständliche Sprache erwerben und anwenden, wird der Klient die Kommunikation als künstlich erleben. Dann wird NLP mit seinem fachlichen Jargon unnötige Widerstände erzeugen und als mechanisierte Psychotherapie angesehen werden. Die NLP-Techniken verdienen es, jedoch als spannende und effektive psychotherapeutische Verfahren richtig und ethisch einwandfrei zur Anwendung zu kommen.

7.0 Kritik am NLP

NLP hat seit den 80er Jahren sowohl positive als auch negative Aufmerksamkeit erweckt. Die Gründe dafür sind vielfältig. Wie NLP vermittelt und präsentiert wurde, hat selbst verschuldete Kritik verursacht.

Während sich die „Dansk Psycholog Forening“ (Dänischer Psychologenverband) ebenso neutral, wie abwartend verhält, sind als die beiden wichtigsten dänischen Kritiker, die Ethnologin Kirsten Marie Bovbjerg und die kirchliche Organisation „Dialogcentret“ (www.dci.dk) zu nennen. (Das Dialogcentret ist eine kirchliche Vereinigung, die für Relegionsfreiheit eintritt, spirituelle Strömungen beobachtet und Menschen in religiösen Fragen Hilfe anbietet.)

Religiosität und Neureligiosität fallen außerhalb des Bereichs, der hier behandelt wird, aber die Kritik, die über NLP am häufigsten vorgelegt wird, richtet sich besonders gegen NLPt (Neuro-Linguistische Psychotherapie). Dieser Abschnitt wird sich daher insbesondere diesen Kritiken widmen.

7.1 NLP und der Dänische Psychologenverband

Der dänische Psychologenverband stellte 2003 eine Arbeitsgruppe zusammen, die einen Report über Psychotherapie und Wissenschaftlichkeit in Dänemark erstellen sollte. In diesem Report wurde eine lange Liste über die in Dänemark angewandten Theorien, Arbeitsformen und 'lokal bedingte dänische Variationen' verschiedener Methoden erstellt, in der auch NLP vertreten war. Es wurde resümiert, dass es auch interessant wäre, zu sehen, was eine Untersuchung des NLP zeigen würde; es wurde aber weder als realistisch noch notwendig angesehen, dies zu vertiefen (www.dp.dk).

Eine solche Aussage war keine Anerkennung von NLP, kann aber auch nicht als Ablehnung aufgefasst werden.

In einem Hinweis des gleichen Verbandes an das Sozialministerium im Jahr 2006 wurde zur Evaluationsordnung der privaten Psychotherapieschulen ein Zitat von Esben Hougaard (Prof. für klinische Pychologie an der Universität Aarhus) angeführt, der sich auf das Werk von Klaus Grawe bezog (Klaus Grawe 1943 - 2005 hatte an der Universität Bern den Lehrstuhl für klinische Psychologie inne. International bekannt wurde er durch seine Veröffentlichungen als Psychotherapieforscher, z. B. über die Wirkungsweisen und Wirksamkeit von Psychotherapie.)

"Die über tausend kontrollierten Effektstudien von Psychotherapien erfassen relativ wenige Therapierichtungen. Von einer umfassenden Zusammenfassung ausgehend, schlussfolgert der Psychotherapieforscher Klaus Grawe (1992), dass nur drei psychotherapeutische Verfahren eine so ausreichende, umfassende Forschungstradition besitzen, um daraus schließen zu können, dass die einzig wirksamen und ausreichend dokumentierten Behandlungsmethoden Verhaltenstherapie/ Kognitive Verhaltenstherapie, Psychoanalytische/ Psychodynamische Therapie und Klientenzentrierte Therapie sind. Für eine Reihe anderer bekannter Formen von Psychotherapie, z.B. Jungs Analytische Therapie, Neurolinguistische Programmierung (NLP) und Primärtherapie, können Grawe et al. trotz intensiven Suchens nicht eine einzige kontrollierte Untersuchung über den psychotherapeutischen Effekt finden." (www.dp.dk)

Zu der Kritik der „Dansk Psykolog Forening" an das Sozialministerium sei angemerkt, dass die Informationen aus dem Jahr 1992 und von Hougaard aus dem Jahre 2004 stammen. Es gibt seit 1992 Forschung über NLP. In verschiedenen Forschungsdatenbanken finden sich uneinheitliche Forschungsergebnisse, die den Effekt von NLP- Techniken sowohl unterstützen als auch zurückweisen. Die meisten Ergebnisse stammen aus Untersuchungen selektiver Teilelemente von NLP. Bis dato sind drei umfassende, evidenzbasierte Forschungsprojekte durchgeführt worden, die den Effekt von NLP-Psychotherapie unterstützen.

NLP- Forschung:

NLP- Wirksamkeitsstudien sind in den wissenschaftlichen Datenbanken schwer zu finden, da der Begriff NLP besonders bei der Evaluation ausgewählter Techniken oder komplexer Programme, z.B. Gesundheitstrainings, oft nicht im Titel erscheint.

Wir bitten Diplomanden und Doktoranden den Begriff NLP auch im Titel zu verwenden, einen zusammenfassenden Artikel in einer entsprechenden Fachzeitschrift zu veröffentlichen und die Arbeit den NLP- Datenbanken zu melden. 2008 wurde an der University of Surrey eine Research Conference gestartet, die alle zwei Jahre stattfinden und den akademischen Austausch fördern soll.

Links:
Datenbank Surrey: http://www.nlpresearch.org
NLP Research and Recognition Project: http://www.nlprandr.org/
NLP Community: http://www.nlp.de/
The inspirative NLP-Database of Academic, Scientific and Psychological Research into NLP concepts, applications and models:
http://www.inspiritive.com.au/nlp-research/database.htm
Additional research (Richard Bolstad), can be found at:
http://www.stant-1.demon.co.uk/artcl007.htm

Bei einer wissenschaftlichen Buchveröffentlichung, Diplomarbeit/Dissertation, ist Ihnen der Psymed-Verlag gern behilflich und wir freuen uns auf Ihre Anfrage: office@psymed-verlag.de

Die psychotherapeutische Forschung entfernt sich im Übrigen von der evidenzbasierten Effektmessung und fokussiert in steigendem Grad die „guten Qualitäten" des einzelnen Psychotherapeuten, den Unterschied im psychotherapeutischen Prozess, der den großen Unterschied – die Wirksamkeit - macht. Dies räumt jedoch nicht die grundlegende Kritik aus, dass es weiterhin an ausreichenden wissenschaftlichen Untersuchungen über die Wirksamkeit von NLP fehlt.

Die übrige Kritik an NLP scheint sich eher auf die Vermittlung von NLP zu beziehen als auf die Methode selbst. Die Kritiker vermischen dies häufig und generalisieren in Stellungnahmen inkompetente Vermittlung daher zu Unrecht mit der Qualität der Methode.

Übrig bleibt die berechtigte Kritik an einer bisher methodisch mangelhaften Dokumentation der Wirksamkeit. NLP steht dahingehend wie viele andere, neuere psychotherapeutische Richtungen am Anfang.

Auf meine Anfrage bei Berufsverband Deutscher Psychologinnen und Psychologen (BDP) erhielt ich folgende Antwort: „Es gibt keine offizielle Position des Berufsverbandes Deutscher Psychologen (BDP) zum Thema NLP. Eine Reihe von Kollegen befürworten NLP und arbeiten eventuell sogar damit, andere sind dezidierte NLP- Gegner. Die Kritik der Gegner bezieht sich dabei allerdings meist auf die Art der Vermarktung von NLP und die massenhafte Verbreitung dieser Methode in der Esoterikszene und in windigen Beratungs-zusammenhängen, seltener auf die Methode selbst." (Werner Gross, Präsidiumsbeauftragter und Leiter des AK Psychomarkt und Religion) Siehe auch Glossar: Inoffizielle Anerkennung!

7.2 NLP und ethnologische Forschung

Kirsten Marie Bovbjergs ethnologische Dissertation an der Universität Kopenhagen aus dem Jahre 2000, mit dem Titel "følsomhedens etik: frigørelse og personlig udvikling – selvets disciplinering i New Age og moderne management" (Ethik der Sensitivität: Befreiung und persönliche Entwicklung – Selbstdisziplinierung in New Age und modernem Management) wurde von mir als Beispiel der Kritik aus dem akademischen Bereich ausgewählt.

Dieses Werk ist - trotz hoher wissenschaftlicher Forschungskompetenz - ein gutes Beispiel, wie NLP von einem großen Teil der akademischen Welt betrachtet wird. Bovbjergs Entscheidung, NLP mit New Age gleichzusetzen, führte als Grundprämisse in eine falsche Richtung.

Die Dissertation bedient sich des ethnologischen Forschungsansatzes und beschäftigt sich mit der Nachfrage von Kursen zur Persönlichkeitsentwicklung im Erwerbsleben als Ausgangspunkt des Studiums moderner Religiosität. Bovbjerg führt einleitend als Voraussetzung für Persönlichkeitsentwicklung an, dass es im Inneren des Menschen etwas gibt, was nicht einfach nur erforscht werden kann, sondern durch transpersonale Methoden, Mentaltraining, Selbsterfahrung und Therapie auch verändert werden kann.

Nach meiner Auffassung impliziert Kirsten Marie Bovbjerg mit dem transpersonalen Ansatz, dass NLP nur zur Gehirnwäsche genutzt wird. Sie meint damit, dass NLP erfolgreich gegen den Willen der Beschäftigten als neue Religion zur Gewinnmaximierung eingesetzt wird. Siehe Glossar: Transpersonale Ansätze!

Sie beginnt mit dem Interesse der Jugend für neue Formen der Religiosität in den 60er und 70er Jahren, die sich besonders von indischen und asiatischen Kulturen als Hauptquellen haben inspirieren lassen. Sie schreibt: "Zu Beginn war das Interesse für das Bewusstsein ein Teil der Protestkultur der Jugendbewegung und die religiöse Suche war ein Protest gegen das traditionelle Christentum, das sich altmodisch und autoritär präsentierte und christliche Normen durchsetzte" (Bovbjerg, 2004: 13).

Ich finde es bemerkenswert, dass sie der Jugendbewegung, die einen Fokus auf das Bewusstsein legte, diesen generell als einen Protest gegen das Christentum und christliche Normen auslegt.

Bovbjerg befasst sich danach mit dem New Age - Begriff, den sie folgendermaßen definiert: "New Age wird heutzutage normalerweise angewendet als gemeinsame Bezeichnung für Ideenströmungen, die eine alternative Sicht auf Phänomene innerhalb sehr unterschiedlicher Gebiete anbieten, wie Krankheit, Gesundheit, Therapie, Religion, Philosophie, Management, Persönlichkeitsentwicklung, u.v.a. Die Forscher, die sich mit dem Gebiet beschäftigen, heben alle die Schwierigkeit hervor, dem New Age - Begriff eine prägnante Definition zu geben, der ich mich anschließen kann. Es ist eine ausgeprägte eklektische Bewegung, in der die Anhänger sich jeder für sich inspirieren lassen und in einem gewissen Umfang Elemente von vielen verschiedenen Quellen auswählen und ihr Glaubensbild zusammensetzen". (Ibid.: 15)

Bovbjerg baut ihr Untersuchungsdesigns auf die Annahme auf, dass es einen Zusammenhang gibt, zwischen der Sensibilisierung von Mitarbeitern - wie wir sie in Unternehmen sehen und deren gesteigertes Interesse für New Age - und die Entwicklung einer Therapiekultur. Da andere Forscher bereits Scientology, die Moon-Bewegung und Weissagungen a la Tarot, Astrologie und I - Ching studiert hatten, zog Bovbjerg NLP als Basis für ihre Untersuchungen heran. Bemerkenswert ist jedoch, dass sie NLP unter ihre New Age- Definition subsumiert, weil diese Definition nicht zur Beschreibung der Theoriegrundlage passt, auf die sich NLP als Methode gründet.

Bovbjerg beschreibt auf 19 Seiten verschiedene NLP- Techniken und notiert, dass sie primär NLP-Anbieter zitiert, die geringe qualitative Kompetenzen repräsentieren. Sie bezieht sich auf Literatur von Seymour & Connors und auf eine neue von Richard Bandler gegründete Plattform mit der Bezeichnung: Design Human Engineering. Insgesamt wird Quellenmaterial verwendet, das zur Bewertung von NLP als psychotherapeutische Methode weder glaubwürdig, noch repräsentativ ist.

Bovbjerg versucht in ihrer Dissertation, NLP von anderen psychologischen Theorien zu isolieren und stellt eigenartige Zusammenhänge her. Sie schreibt: "Innerhalb von NLP wird als Fakt angesehen, dass wir nur einen kleinen Teil unserer Gehirnkapazität verwenden. Danach, kann nur ein kleiner Teil der entgegengenommenen Informationen bewusst wahrgenommen werden. Der Hauptteil der Informationsmenge, die wir aufnehmen, erfolgt unbewusst. Das Unbewusste kann nach Bandler und Grinder dadurch bewusst gemacht werden, wenn man Fragen zu einzelnen Details einer bestimmten Handlung stellt". (Ibid.: 105)

Letzteres war auch die Auffassung von Freud. Im Übrigen können viele ihrer Einzelaussagen zutreffen, sind jedoch unter dem gewählten Blickwinkel und in dieser zusammenhängenden Darstellung fragwürdig. Bovbjerg erstellt eine eigene wissenschaftliche Sichtweise und ihr Glaubensbild von NLP. Sie setzt Gregory Batesons Auffassung von Kybernetik mit Ideen von New Age gleich.

"Es passt gut zu der Idee von New Age, dass der Körper niemals lügt und physische Symptome Mitteilungen des Körpers über unseren" wirklichen" Zustand sind (Perrain, 1985). (Ibid.: 126)

Bovbjerg vergleicht und versucht verschiedene und gegensätzliche Kategorien zu vereinen. Darüber hinaus gibt es keine Belege dafür, dass Timothy Leary, wie sie behauptet, Einfluss auf Bandlers und Grinders Verständnis von Kybernetik hatte. Bandler und Grinder hatten eher eine Affinität zu Gregory Bateson, den sie persönlich kannten. Es gibt keine Hinweise, dass sie Learys Theorien anwendeten. Die Überschrift "Glaubensbild" weist auf Bovbjergs Position zum Thema hin, die sie im Übrigen nicht erklärt. Kirsten Marie Bovbjergs Wissenschaftlichkeit muss allein schon bzgl. der Verwendung des Psychologie- Begriffs diskutiert werden. In diesem Punkt ist ihre Wissenschaftlichkeit auch nicht mit ihrem epistemologischen Standpunkt vereinbar. Es ist nicht von der Hand zu weisen, dass NLP auf Grund von fehlender psychologischer Kompetenz der Vermittler, durch Vermischung von Lebensanschauung und Methode gerade im Berufsleben Gefahr läuft, auf eine unethische und manipulierende Weise vermittelt zu werden. Unterschiedliche und individuelle Lebensanschauungen sowie teilweise auch unethische Vermittlungsmethoden haben nicht notwendigerweise etwas mit der Qualität der Methode zu tun.

Bovbjerg setzt NLP durchgängig mit New Age gleich und vermischt die Begriffe Persönlichkeitsentwicklung, Psychotherapie und Neureligiosität. Eine ihrer Annahmen ist, dass Mitarbeiter ihre Arbeitskraft an ein Unternehmen verkaufen, um die Lebensqualität zu Hause zu verbessern. Im Ergebnis müssen sie sich jetzt mehr oder weniger zwangsweise gefallen lassen, mit Kursen für Persönlichkeitsentwicklung bombardiert zu werden, in denen nicht die Interessen der Mitarbeiter vertreten werden.

Die andere Prämisse ist, dass sie glaubt, Mitarbeiter werden in einem bedenklichen Grad zu einer antichristlichen Neureligiosität gezwungen, die ebenfalls nicht im Interesse der Mitarbeiter ist; diese Neureligiosität hält sie für NLP. Ihr Motto scheint hier zu sein: "Bist du kein Christ, bist du neureligiös!"

Bemerkenswert ist, dass Bovbjerg ein interessantes soziologisches Thema benennt. Die Haltung der Unternehmen zu ihren Mitarbeitern und die Einstellung der Mitarbeiter zu den Unternehmen haben sich in den letzten 30 bis 40 Jahren sicherlich verändert. Trotzdem können Bovbjergs Aussagen nicht als ausreichend psychologisch und wissenschaftlich untermauert angesehen werden. Sie wendet konsequent, aber einseitig den Begriff Psychotherapie im Zusammenhang mit Persönlichkeitsentwicklung an.

Unabhängig davon, wie ein Seminarleiter oder Coach die Kommunikationsform nennen sollte, die in Verbindung mit betrieblichen Weiterbildungskursen angewendet wird, werden die Kriterien für die Ausübung von Psychotherapie nicht erfüllt. Es ist auch nicht gerechtfertigt, den wissenschaftlichen Begriff Psychotherapie für etwas zu verwenden, was nicht Psychotherapie ist.

Die meisten Kritikpunkte, die Bovbjerg gegen NLP erhebt, könnten genauso gegen die traditionelle Psychologie angewandt werden. Diesen Versuch kann man nur als untauglich beurteilen.

Nach meiner Auffassung wurde hier versucht ein Glaubensbild zu schaffen und zu untermauern, ohne die Voraussetzungen dafür zu überprüfen. Es wurden dabei auch aussagekräftige Sachverhalte des NLP nicht berücksichtigt bzw. falsch interpretiert, so dass NLP in einem schrägen Licht erscheinen muss.

7.3 NLP und die Kirche

Das Dialogzentrum ist eine "unabhängige" christliche Organisation mit dem Ziel die Freiheit des Menschen bezüglich seiner Spiritualität, Religion und Lebensanschauung zu fördern. Es soll Menschen in spirituellen oder religiösen Schwierigkeiten helfen, eine freie, fundierte und qualifizierte Entscheidung zu treffen.

Pastor Johan Sanggaard verfolgt seit vielen Jahren die NLP - Szene und kritisiert hauptsächlich:

- Die Logischen Ebenen,
- die Timeline-Techniken /Lebenslinien,
- den NLP-Sprachgebrauch.

Die Logischen Ebenen bauen auf Gregory Batesons Präsentation der Auffassungsgabe auf, die als eine Abstraktionshierarchie neurologischer Verarbeitung von Erfahrungen und des Lernens auf unterschiedlichen Bedeutungsebenen beschrieben werden können.

Psychologisch gesehen kann der Begriff als eine Positionierung von verschiedenen Erlebnisvariablen angesehen werden, die verschiedene Perspektiven des Erlebens eines Phänomens durch eine Person repräsentieren. Insbesondere die zwei höchsten Ebenen – Identität und Spiritualität – kommentiert Sanggaard folgendermaßen: "Vor dem Hintergrund von Ole Vadum Dahls Auffassung der Zeit und seine vagen Beschreibungen der 5. und 6. Ebene, ist es relevant zu fragen: Welches Menschenbild, welche Weltanschauung und welche Erkenntnislehre liegen hinter seiner therapeutischen Methode. Aufgrund des gelesenen Materials, war es mir trotz intensiver Suche nicht möglich, diese Fragen zu beantworten, aber aus meiner Sicht treiben sie in eine neureligiöse Richtung."

Sanggaard vertritt die Auffassung - wie sie Bandler zuletzt in den Jahren 1993- zum Verhältnis des Individuums zu seiner eigenen Vergangenheit präsentiert hat. "Die Zeitskala ist ein zentrales Wort und ein zentraler Begriff im NLP. Für Richard Bandler geht es darum, fähig zu werden, seine Vergangenheit so umzudeuten, dass sie glücklich erscheint'. Die negativen Erlebnisse der Vergangenheit sollen verändert werden. Er ist der Auffassung, dass die Zeit insofern verändert werden kann, indem Erlebnisse der Vergangenheit umkodiert werden." (Ibid.)

Bandlers Zitat, die Vergangenheit könne verändert werden, führt offensichtlich zu Fehlinterpretation bzw. Missverständnissen. Die NLP- Theorie erklärt die Bedeutung des Zitats damit, dass die Bearbeitung vergangener Handlungen zwangsläufig eine andere Bewertung des Erlebnisses hervorruft. Ohne Effekt, z. B. der Erleichterung, wäre eine Bearbeitung vergangener Erlebnisse ansonsten auch nutzlos und uninteressant. Die Geschichte des Individuums ändert sich nicht bezüglich des faktischen Inhalts, aber die Person erreicht retrospektiv eine andere internale Bewertung, z. B. emotionale Stellungnahme zur erlebten Geschichte.

Der NLP- Sprachgebrauch ist auch Gegenstand allgemeiner Kritik. "Insgesamt bedient sich NLP einer besonderen Sprache, die auch neue Begriffe beinhaltet. Bücher über NLP bringen eine ganze Liste neuer Begriffe. Man könnte daher fragen: Führt man die Teilnehmer zu einer neue Identität und neuen Lebensanschauung? “ (Ibid.)

Meine Recherche bei den Kirchen in Deutschland ergab nur sehr wenige - und keine einheitlichen - Bewertungen. Auf den offiziellen Webseiten ist NLP kaum zu finden, jedoch einige kirchliche Familienbildungsstätten bieten NLP-Kurse an.

Dr. Hansjörg Hemminger (Weltanschauungsbeauftragte der ev. Kirche, Sektenberatung Stuttgart) bestätigt am 17.11.2009 per eMail meine Zusammenfassung seiner Kritik.

Er kritisiert in seiner Analyse, dass NLP-Ausbildung nicht nur Wissenstransfer sei, sondern in einem suggestiv wirksamen Begründungshintergrund angeboten würde, welcher auch Ideologietransfer bedeute und den Umbau von Lebensorientierung ermögliche.

Hemminger kommt zu dem Fazit, dass NLP für die kirchliche Arbeit nur in entideologisierter Form in Frage komme. Hauptgefahr sei die Selbstüberschätzung der Anwender und die Überschätzung der methodischen Möglichkeiten. Nutzen sei jedoch grundsätzlich vorhanden. NLP-Elemente könnten in ein Trainingsprogramm für Pädagogen und Theologen zu ihrer Kompetenzerhöhung aufgenommen werden. Die Methode sollte aber nicht ohne psychologische / psychotherapeutische Qualifikationen angewendet werden.

Natürlich stammt die NLP-Fachterminologie aus der amerikanischen Sprache und wird immer noch verwendet, jedoch wurde sie auch oft wenig sinnentsprechend in andere Sprachen übersetzt. Wenn die Anbieter von NLP selbst zwischen Psychotherapie und strukturierten Gesprächen differenzieren würden und wenn ihre Kompetenzen genauer beschrieben wären, würde dies natürlich auch zu größerer Klarheit und Präzision beitragen.

Nach meiner Recherche ist im NLP zu keinem Zeitpunkt Kritik am oder ein Protest gegen das Christentum erkennbar. Richard Bandler und David Gordon haben einen jüdischen Hintergrund und John Grinder war Jesuitenschüler. Robert Dilts und Robert Mc Donald sind gläubige Katholiken. Alle NLP-Begründer haben ihre Wurzeln in der christlichen Kirche und keiner von ihnen hat zu irgendeinem Zeitpunkt religiöse Traditionen angegriffen, noch verletzt oder ist auf Konfliktkurs mit seiner jeweiligen Religion gewesen.

Auf diesem Hintergrund ist es schwer zu erkennen, wie NLP als Methode der Religiosität, geschweige denn Neoreligiösität zugeordnet werden kann. Die untersuchten Beiträge der öffentlichen Debatte müssen als nicht wissenschaftlich und schlecht recherchiert betrachtet werden. Es ist eine angemessene Forderung, dass Evaluation mit entsprechender wissenschaftlicher Kompetenz und Begutachtung mit Sorgfalt vorgenommen werden muss und nicht auf dem Hintergrund von Vermutungen geschehen darf.

7.4 Selbst verschuldete Kritik

Die Begründer des NLP hatten einen akademischen Hintergrund und Bandlers und Grinders Ausgangspunkt war dementsprechend wissenschaftlich orientiert. Allerdings machten sie von Anfang an Stimmung gegen die etablierte akademische Welt. Bei vielen Gelegenheiten wurde die Zunft der Psychiater und Psychologen u.a. mit Hinweisen auf fragliche Anwendungen von Elektroschocks, Widersprüchen in deren Methoden oder bei Misserfolgen kritisiert, sogar vorgeführt und lächerlich gemacht.

Die Aussage: „Es gibt keine Widerstände beim Klienten, sondern nur unfähige Therapeuten“, stellte das vorherrschende Modell der Therapeuten-Patientenbeziehung in Frage. Es wurde als besserwisserische Kritik und Angriff auf die Kompetenz und eben nicht als Einladung zur Theoriediskussion verstanden. Siehe Glossar: Selbst verschuldete Kritik!

Die so kritisierten Fachvertreter hießen NLP natürlich nicht gerade willkommen. Bandlers und Grinders Studienkreis wurde von der Universitätsleitung aus „ethischen Gründen" von der Universität verwiesen, weshalb die Aktivitäten an andere Orte verlegt wurden. Heute würden die damals ausgeführten Experimente akzeptiert werden und vermutlich keine ethischen Beanstandungen hervorrufen.

Anfangs bestand Übereinstimmung, dass nach "Supertherapeuten" gesucht wird, und man den Sprachgebrauch dieser erfolgreichen Therapeuten modellieren wollte. Bandler verlagerte diesen Fokus später auf die Metakommunikation, und die Vermutung liegt nahe, dass er dafür in erster Linie ein kommerzielles Motiv hatte.

Zu Beginn der 80er Jahre wurden die Werkzeugkiste der NLP- Techniken wie Handlungsanweisungen beschrieben, und die ersten Kurse wurden der Öffentlichkeit angeboten. Im Dienst der Markteinführung wurden diese Aktivitäten mit umfangreichen und irreführenden Versprechungen etikettiert, die nicht unbedingt erfüllt werden konnten. NLP wurde im Psycho- und Businessmarkt als einfache Psychologie des Volkes eingeführt. Obwohl die Publikationen auf wissenschaftliche Abhandlungen hinwiesen, wurde es im Laufe der Zeit wie eine anti-theoretische Methode präsentiert.

NLP wurde als positives Angebot aufgesogen und sprach besonders antiautoritäre und fortschrittliche, experimentierfreudige Menschen an. In Übereinstimmung mit dem amerikanischen Wunschdenken, schnell und elegant ein Problem lösen zu können, wurden viele Menschen von NLP angezogen und machten Bekanntschaft mit der Anwendung von NLP-Techniken.

Entsprechend der Nachfrage wurden sehr viele NLP-Trainer ausgebildet. Viele Einmann- Unternehmen etablierten sich, die NLP-Techniken auf eine mehr oder weniger kompetente Art weiter vermittelten. Man nahm an, dass die Aussage: "The map is not the territory" jede Form der Anwendung von NLP legitimieren würde. NLP- Anwender passten die Techniken ihren eignen Welt- und Lebensanschauungen an und integrierten diese in ihre Vermittlung von NLP, was zu alternativen, auch orientalisch oder spirituell inspirierten Strömungen führte.

Über diese Veränderungen wurden die Lernenden jedoch häufig nicht informiert.

Die NLP-Techniken wurden von universitär ausgebildeten Psychologen und professionellen Vertretern verschiedener Fachrichtungen nach Europa gebracht und anfänglich nur zur Fortbildung angeboten. So wurde NLP auf europäischem Boden zunächst in das psychotherapeutische Umfeld integriert und dann vermutlich aus kommerziellen Gründen für Jedermann als Ausbildung in Kommunikationstechniken angeboten.

NLP ist durch experimentelle Beobachtung entstanden, und alle an der Entwicklung von NLP beteiligten Menschen hatten fundiertes psychologisches Wissen. Heute wird NLP vielerorts ohne fundierte Grundkenntnisse und oft auch ohne Basis psychologischen Wissens an die Kursteilnehmer vermittelt. Dieser Zustand schafft zu Recht einen begründeten Nährboden für Kritik. Es dient zweifelsfrei nicht NLP, wenn es von Inkompetenten an Lernende weitervermittelt wird.

Nachweisbar entsteht Kritik am NLP vorwiegend durch das Gerücht einer fehlenden theoretischen Basis. Diese unberechtigte Kritik wird genährt, solange der anti-wissenschaftliche und anti-theoretische Mythos bestehen bleibt.

8.0 Diskussion und Beurteilung von NLP als psychotherapeutische Methode

Für die Entwicklung und das Erscheinungsbild von NLP ist es bedeutsam, dass Richard Bandler und John Grinder sich zerstritten und ihre Zusammenarbeit nicht nur abbrachen, sondern sogar spezifische, von der Grundidee des NLP entfernte Formen generierten. So entstand Ende der 80er Jahre aufgrund unterschiedlicher Aussagen ein uneinheitliches Bild des NLP.

Obwohl die NLP- Historie eine plausible Erklärung bereit hält, war es für NLP als Methode nicht von Vorteil, dass die praktische Anwendung ein höheres Gewicht hatte als die Theoriebildung. Diese Entwicklung hat in wissenschaftlichen, psychologischen und psychiatrischen Kreisen zu Misstrauen und Distanz gegenüber NLP geführt.

8.1 Der Wert evidenzbasierter Psychotherapie

Man kann konstatieren, dass NLP nur wenige evidenzbasierte Forschungsergebnisse aufzeigen kann. Psychotherapie als Gegenstand von Forschung ist eine komplexe und schwierige Materie.

Drei Perspektiven der Forschung müssen berücksichtigt werden:

- Die des Klienten
- die der Gesellschaft
- die der Profession.

Natürlich wird häufig aus wissenschaftlichem Interesse die Perspektive der Profession vorrangig gewählt, weil dabei oft eine kollegiale dritte Person mitwirkt, die observiert und registriert.

In der Psychotherapieforschung wird generell zwischen Effekt- und Prozessforschung unterschieden. Kriterien für Effektmessung sind:

- Signifikante psychische Veränderungseffekte beim Klienten
- Kausaler Nachweis, dass die angewandte Psychotherapie die beobachtbaren Effekte bewirkt hat.
- Der Effekt der Psychotherapie tritt auch im Alltag des Klienten auf.
- Der positive Effekt der Psychotherapie kann bei anderen Klienten repliziert werden.

Psychotherapie ist ein kompliziertes Forschungsgebiet. Klienten und Therapeuten beeinflussen den Therapieverlauf mehr durch ihre individuellen Intentionen als durch standardisierte Variablen. Die Interaktion hat einen ungeheuer komplexen Charakter und kann nur schwer durch standadisierte Verfahren erfasst werden. Wirksamkeitsuntersuchungen sind relativ langwierig und werden zusätzlich von therapieexternen Einflüssen, wie auch beispielsweise das Ausscheiden von Klienten aus Studien beeinflusst.

Im Gegensatz dazu fokussiert die Prozessforschung entsprechend dem Namen, die Vorgänge im therapeutischen Prozess:

- Art und Qualität der Interaktion von Psychotherapeut und Klient
- Bedingungen und Faktoren wirkungsvoller Therapie
- Informationsgewinn über den Veränderungsprozess, der innerhalb der Interaktion zur positiven Veränderungen führt.

Diese Art der Forschung ist zwar flexibler in der Wirksamkeitsmessung, beinhaltet aber ebenfalls viele Schwierigkeiten. Die Daten werden durch einen dritten Part erhoben. Das sind entweder eine Beobachtungsinstanz (Kollege oder Gremium), welche den Prozess observiert oder subjektive Selbstbeschreibungen des Klienten und Therapeuten. Zudem tritt die Wirkung häufig zeitverschoben zwischen den Therapiesitzungen oder erst nach Abschluss der Therapie auf und ist damit während der therapeutischen Sitzung nicht direkt zu beobachten. Bisher lag der Fokus der Psychotherapieforschung überwiegend auf der Effektforschung. Erst in den letzten Jahren konzentrierte sich der Schwerpunkt auf die Prozessforschung.

In einem Artikel in „Psycholog Nyt" (2000) beschrieb der Psychologe Carsten René Jørgensen seine Haupteindrücke von einer internationalen Konferenz der Society for Psychotherapy Research in Chicago. Er stellte eine Tendenz wachsender Kritik an den psychotherapeutischen Methoden evidenzbasierter Forschung fest. Die Kritik zentrierte sich auf die angewandten Forschungsmethoden und die politischen und gesellschafts-ökonomischen Motive für Forschung.

Jørgensen berichtet u. a. folgende Forschungsergebnisse z. B., dass einzelene Klienteneigenschaften zu ca. 45% - 50% den Erfolg der Psychotherapie ausmachen. Fast die Hälfte der Wirksamkeit der Psychotherapie scheint somit ursächlich durch Ressourcen des Klienten zu entstehen. Die Persönlichkeit des Psychotherapeuten und die Behandlungsbeziehung liefern einen weiteren Faktor von ca. 40% und nur 10% - 15% der Wirksamkeit werden durch die angewandte psychotherapeutische Methode bestimmt.

Darüber hinaus wird hervorgehoben, dass mehr als 40 Jahre Effektforschung nicht klären konnte, welche Therapiemethode die effektivste ist.

"Grob gesagt können alle seriösen Behandlungsmodelle einigermaßen gleich gute Behandlungsergebnisse vorweisen" (Jørgensen, 2000).

Außerdem wird auf einen interessanten Fakt hingewiesen, dass "Unterschiede im Behandlungseffekt typischerweise zwischen Therapeuten größer sind, die dasselbe Behandlungsmodell anwenden, als der Unterschied im Effekt zwischen den einzelnen Behandlungsmethoden. Das unterstützt auch die begründete Vermutung, dass therapeutenabhängige Faktoren und die Therapeuten-Klienten-Beziehung markant größere Bedeutung haben als die spezifische Behandlungstechnik" (Ibid.).

Es kann daher diskutiert werden, ob die häufig politisch und ökonomisch begründete Psychotherapieforschung, die vorwiegend aus den USA kommt, das rechte Verständnis dafür hat, welche Komponenten eine ernsthafte Bedeutung für eine psychotherapeutische Wirksamkeit haben.

Natürlich wurde Forschung anhand definierter Kriterien wissenschaftlich betrieben, um möglichst viele Einflussfaktoren zu standardisieren, zu messen und zu kontrollieren. Diese Vorgehensweise brachte es mit sich, dass die so gemessene und kontrollierte Psychotherapie durch die Wissenschaft in ein künstliches Milieu, dem isolierenden klinischen Laboratorium überführt wurde, also entfernt wurde aus der eigentlichen Domäne, dem Therapiealltag. Auch führte das gewählte Forschungsparadigma zwangsläufig zur Entwicklung einer manualbasierten Psychotherapie, da nur diese an wissenschaftlichen Standards orientiert kontrollierbar wird.

"Implizit wird Psychotherapie als eine mechanistische Behandlung des Klienten betrachtet und die grundlegende dialogische Natur der Psychotherapie wird ignoriert" (Ibid.). Hierdurch wird der Klient auf seine eigenen Symptome reduziert.

Fortschrittliche Psychotherapieforscher stimmen darin überein, dass die verschiedenen psychotherapeutischen Methoden mehr Gemeinsames als Trennendes haben. Wenn die Forschung keine Unterschiede im Behandlungseffekt durch verschiedene Methoden aufzeigen kann, deutet dies darauf hin, dass es gemeinsame therapeutische Faktoren gibt, die bedeutsame Effekte hervorbringen.

Endlich kann man rhetorisch fragen, ob wir nicht - anstatt ständig daran zu arbeiten, Listen über validierte Behandlungsformen zu erstellen - lieber anfangen sollten, über valides Therapeutenverhalten und valide Behandlungsbeziehungen zu sprechen.

Ein solcher Paradigmenwechsel stellt die Forderung an Theoretiker, Forscher und Kliniker, den Fokus auf den Methodenansatz und die Psychotherapie selbst zu lenken.

Gemäß einer modernen evidenzbasierten Sichtweise unterstützt NLP in sehr hohem Grad die prozessorientierte Psychotherapie. Es ist eine wichtige Voraussetzung der NLP-Psychotherapie, dass guter Kontakt und Vertrauen zwischen Klient und Psychotherapeut bestehen (Rapport) und der Psychotherapeut sehr große Aufmerksamkeit auf die Wahrnehmung, Veränderungsfaktoren und Ressourcen des Klienten legt.

8.2 Ist NLP eine eklektische Psychotherapie?

Es gibt über 400 verschiedene psychotherapeutische Verfahren mit divergierenden Theorien über psychotherapeutische Veränderungsmethoden und psychopathologische Auffassungen (Hougaard, 2003: 11).

1997 wurde untersucht, welche Psychotherapiemethoden dänische Psychotherapeuten anwenden. Ungfähr 42 % sind in mehr als einer psychotherapeutischen Richtung ausgebildet (Ibid.). Dies zeigt die eklektische Wirklichkeit!

Eklektizismus bezeichnet ein geistiges Vorgehen, in dem das nützlich Passende aus Teilelementen verschiedener Systeme ausgewählt wird und diese selektiven Elemente zusammengetragen werden. In den Geisteswissenschaften wurde der Terminus in der Regel als nicht eigenständig denkend, also abwertend verwendet.

Die wesentlichen Merkmale einer Theorie sind Ganzheitlichkeit, Sinnzusammenhang und Stringenz, während die klinische Praxis durch die Persönlichkeit des Klienten und die Wirkung der Interventionsformen gesteuert wird.

„Generell gilt: Praxis konkretisiert, Theorien betonen allgemeine Regelmäßigkeiten. In der Praxis muss der Therapeut auf das Individuelle, auf die persönlichen Besonderheiten des Klienten in Wechselwirkung mit einer bestimmten Lebenssituation gezielt reagieren. Die Theorie ist die Landkarte, das Individuum ist das Gelände. Und Gelände hat immer Vorrang" (Høstmark Nielsen, Geir, 1996: 319).

Das Verhältnis zwischen Theorie und Praxis kann entweder als Konflikt oder als ein Wechselspiel beider mit kontextuellem Vorrang definiert werden. Der Gedanke, dass Theorie für den klinisch tätigen Psychotherapeuten eine geringere Bedeutung als das klinische Handeln hat, ist daher naheliegend. Jedoch die Theorie ist die Grundlage dafür, dass die psychotherapeutische Praxis ihren professionellen Charakter erhält und gleichzeitig die Voraussetzungen für die Reflexion praktischer Arbeit liefert.

Wenn der Psychotherapeut seine Interventionsformen eklektisch zusammensetzt und dabei folglich gegen eine Theorie verstößt, wird er in einen Loyalitätskonflikt zwischen Autonomie des Klienten und theoretischem Regelwerk geraten, da Theorien sich meistens in einer fundamentalistischen und eindeutigen Form präsentieren. Der Psychotherapeut wird sich in dieser Situation entscheiden müssen, innerhalb welchen Verständnisrahmens er den Klienten begleiten will. Der psychotherapeutische Prozess zentriert sich auf eine konstruktive Zusammenarbeit zwischen Psychotherapeut und Klient. Die subjektive Wirklichkeit des Klienten erfordert notwendigerweise eine pragmatische Grundeinstellung, wenn der Prozess zwischen den Partnern funktionieren soll.

"Egal was man sich in einem therapeutischen Geschehen vornimmt, das Gütekriterium, welches in der therapeutischen Kultur gilt, ist das, was dem Klienten auf seinen besonderen Wegen hilft" (Hougaard, 2003: 122). Die Wahl der optimalen Methode für die Entwicklung des Klienten wird meist erst nach und nach entschieden, wenn der Psychotherapeut den Klienten genauer kennen lernt und Vertrauen des Klienten in die Kompetenz des Psychotherapeuten entsteht. Die Anerkennung des pragmatisch gesteuerten Eklektizismus erleichtert als notwendige Grundhaltung den therapeutischen Alltag.

"Es ist eine Grundhaltung, die auf einen bedingungslosen Respekt der Autonomie des Klienten und eine bedingungslose Verpflichtung für das Wohlbefinden des Klienten baut" (Ibid.). Theoretisch fundierte Psychotherapie braucht immer eine eigene Autonomie. Anderenfalls ufert sie anarchistisch aus, weil die Vorgehensweise in der Praxis durch die Interaktionen von Therapeut und Klient und somit von den Partnern selbst bestimmt wird.

Theoretiker werden Eklektizismus als einen therapeutischen „Krämerladen" auffassen, der sich nach Tiefe und einem geordneten Fundament sehnt, aber keine Grundlage für evidenzbasierte Forschung schaffen kann. Umgekehrt wird der Kliniker Eklektizismus in kleinerem oder größerem Umfang als eine Form von kreativer Synthese einer effektvollen Aktion betrachten, die eher auf eine Anpassung an den einzelnen Klienten abzielt.

NLP hat viele einzigartige und besondere Methoden, auch seine ganz besondere Sprache entwickelt, die sich in anderen Therapieformen nicht wiederfinden. Im NLP werden Techniken genutzt, die Techniken anderer Therapierichtungen gleichen oder von dort modelliert wurden. Es kann diskutiert werden, ob NLP eine eklektische oder integrativ entstandene Psychotherapie ist, m.E. ist die NLP-Methode nicht eklektisch und auch kein eklektisches Psychotherapieverfahren, sondern eine eigenständige Methode.

NLP wurde zu einem hoch wirksamen, den Markt beeinflussenden Beratungs- und Psychotherapiemodell, das auch auf eklektische Weise erfolgreiche Techniken und theoretische Hintergründe kreativ integriert und weiterentwickelt hat. Es hat sich zu einer eigenständigen Methode mit großem positiven Einfluss und Potential entwickelt.

8.3 Selbstkritik

Die hier dargestellten Theorien wurden aus der genealogischen Analyse der Vorstadien und weiteren Entwicklung des NLP geschlussfolgert. Bandler und Grinder veröffentlichten keine Gedanken über den metatheoretischen Ausgangspunkt des NLP, meinten aber, dass sie etwas Einzigartiges geschaffen hätten. Die hier aufgeführten Theorien sollen daher retrospektiv anhand ausgewählter Elemente die bisher fehlende Darstellung der Substanz des NLP nachholen.

Mit dieser Vorgehensweise kann natürlich keine Subjektivität der Betrachtung aufgehoben werden und es war auch nicht meine Absicht, Objektivität zu erreichen, sondern eine fundierte Diskussionsgrundlage zu liefern. Es ist unanfechtbar, dass ein Zusammenhang zwischen den allgemein anerkannten Theorien und der Entstehung von NLP besteht und dass eben diese theoretische Ausgangbasis den maßgeblichen Kern des NLP ausmacht.

Sowohl Bandlers wie auch Grinders nach 1988 erschienenen Veröffentlichungen wurden, ebenso wie populärwissenschaftliche Literatur, nicht mit einbezogen. Diese Entscheidung wurde aufgrund geringer Validität der Texte und Quellen oder deren offensichtlichen Mängel getroffen. Man kann natürlich kritisieren, dass nicht-wissenschaftliche Literatur ausgeschlossen ist, obwohl es darin auch gute Beispiele unterschiedlicher pragmatischer Vermittlungen von NLP gegeben hätte. Dilts und DeLoziers Werke sind die bevorzugten spezifischen Quellen, um relevante Aussagen über NLP, dessen Theorie und Vernetzung mit anderen Theorien zu machen. Beide Autoren präsentieren relevante Daten, waren Mitentwickler des NLP von Beginn an, arbeiten seitdem weltweit mit NLP. Sie sind als glaubwürdig zu beurteilen.

Die hier dargestellte Kritik an NLP zentriert sich auf zwei ausgewählte Hauptquellen, die aber keinen professionellen psychologischen Hintergrund haben. Andere relevante und kompetente psychologische Kritik zu finden, war schwierig und richtete sich einseitig gegen die im NLP fehlenden evidenzbasierten Daten und erfolgte nicht aus metatheoretischen Reflexionen.

Der Fokus dieser Abhandlung über NLP erfolgte aus psychologischer Sicht, obwohl es spannend gewesen wäre, NLP auch aus der Perspektive der Fachdisziplinen Soziologie, Anthropologie und Ethnologie zu betrachten, in denen es ähnliche Entwicklungen während der Entstehungszeit von NLP bis heute gab.

Es wäre weiterhin interessant und relevant NLP-Psychotherapie mit Mindfulness (Achtsamkeit), Kognitiver Verhaltenstherapie und Systemischer oder Narrativer Therapie zu vergleichen; ebenso wie mit Positiver Psychologie, die im Unterschied zu dem psychiatrischen Klassifikationssystem (DSM-IV und ICD-10) nur auf positive Eigenschaften des Menschen fokussiert. Obwohl viele Aussagen auf den ersten Blick oberflächlich und simplifiziert erscheinen, stimmen sie in einigen inhaltlichen Elementen mit NLP überein.

9.0 Perspektive, Schlussfolgerung und Abschluss

NLP ist eine psychotherapeutische Methode, die sich über den psychologischen Bereich hinaus etabliert hat. Die Methode hat sich in der Umbruchzeit der 70er Jahre entwickelt und hat keine Verbindung zu New Age, irgendeiner Form von Neoreligiosität oder Hippiekultur. Sie basiert auf Ideen anerkannter Theoretiker und entstammt einer experimentellen Entwicklung innerhalb der Psychotherapie. Dabei lag der Fokus auf der Entwicklung neuer Behandlungsmöglichkeiten und Entdeckung menschlicher Potentiale. Es gab keinen Widerstand gegen Forschung und Theoriebildung, sondern Pragmatismus erwies sich als interessanter und steuerte die Entwicklung.

9.1 Perspektive des NLP im psychologischen Bereich

NLP und die Disziplin der Psychologie können voneinander profitieren. Wenn NLP durch eine verstärkte Aufnahme psychologischer Grundlagen mehr Seriosität erreichen kann, wird es sein klinisches Potential einbringen und neue und interessante Perspektiven, z.B. für die Psychotherapie, bieten. Die weitere Entwicklung des NLP hängt davon ab, wie es sich weiterhin präsentiert und wie die traditionelle Psychologie diese Präsentation akzeptieren wird.

Viele psychologische Verfahren werden tagtäglich in Unternehmen und Medien in einer inkompetenten Weise zitiert. Hierauf hat NLP nicht das alleinige Patent. Populärwissenschaftlich vereinfachte Darstellungen wird es in der Fortbildungs-, Coaching-, Beratungs- und Medienbranche immer geben und vermutlich haben vereinfachte Darstellungen in einer Reihe von Zusammenhängen auch ihre Daseinsberechtigung.

Die Perspektive des NLP hängt von der Bereitschaft zum Dialog über seriöse Elemente und Weiterentwicklungen von und durch NLP ab. Forschung ist das Schlüsselwort für die Zukunft des NLP. Behauptungen, Stereotype und propagierte Erfolge müssen durch wissenschaftliche Wirksamkeitsnachweise belegt werden. Dazu gehört, den Fokus auf wissenschaftliche Untersuchungsmethoden mit reliablen (zuverlässigen) und validen (gültigen) Ergebnissen zu setzen.

NLP hätte bereits mehr und größere Anerkennung erreicht, wenn der anstehende Paradigmenwechsel in der Psychotherapieforschung bereits weiter fortgeschritten wäre. Die psychotherapeutischen Methoden müssen mehr aus dem Blickwinkel der sich qualitativ entwickelnden therapeutischen Prozesse als im Kontrast zur evidenzbasierten Effektmessung beurteilt werden.

Das Psychotherapieumfeld hat sich in den letzten Jahren verändert. Klienten, die nicht zu den klassisch psychiatrischen, psychopathologischen Behandlungsrahmen zählen, stellen aktuell größere Anforderungen an die Gestaltung des therapeutischen Prozesses, an den Psychotherapeuten selbst und an die Wirkweise der Methode, die dem Klienten weiterhelfen soll. Gefordert werden Behandlungen mit schnellem Effekt und Nachhaltigkeit der Lösungen. Besonders die Grundidee der traditionellen Psychoanalyse steht einer direkten Erfüllung dieser Forderung der Klienten im Wege. Eine durch inkompetente Behandler ausgeführte Psychotherapie oder Beratung verhindert dies letztlich auch.

NLP mit seiner ziel- und lösungsorientierten Strategie ist effektvoll und weniger zeitraubend als andere Methoden. Mit Kompetenz und Eleganz ausgeführt trifft NLP in Beratung und Psychotherapie den aktuellen Zeitgeist. Sehr wichtig ist zu unterscheiden, zwischen mentalen Problemstellungen mit tiefen Wurzeln, die eine Psychotherapie über längere Zeit erfordern, und Problemen mit reinem Oberflächencharakter, die mit kurzer Beratung gelöst werden können. Diese wesentliche diagnostische Unterscheidung der Voraussetzungen treffen zu können, erfordert generell eine spezifische und qualifizierte Ausbildung und viel Erfahrung, um NLP-Beratung und/oder NLP- Psychotherapie anbieten zu können.

9.2 Konsequenzen und Schlussbemerkungen

Jeweils am Ende des Kapitels wurden schon Diskussionen und Schlussfolgerungen zu den einzelnen Themen dargestellt, so dass hier zum Abschluss nur eine kurze Zusammenfassung erfolgt.

Das Ziel dieser Abhandlung besteht darin, die genealogische, epistemologische, theoretische und klinische Grundlage des Neuro-Linguistischen Programmierens zu untersuchen, und zum einen, diese im Hinblick auf das psychologische Erbe zu analysieren, und zum anderen, die theoretische und klinische Grundlage der Methode offen zu legen, zu erforschen und zu beschreiben.

Die Inspirationsquellen, die zugrunde liegenden psychologischen Theorien und die Wirkmechanismen sind beschrieben und diskutiert worden. Es wurde eine Ortsbestimmung vorgenommen und aufgezeigt, wie NLP sich im wissenschaftlichen, psychologischen und psychotherapeutischen Bereich positioniert hat. Die massive Kritik am NLP wurde am Beispiel Dänemarks exemplarisch beschrieben, hinterfragt und wird in Nachbarländern vermutlich sehr ähnlich klingen und analog strukturiert sein.

Es wurde eine stringente und gründliche Sichtung der verfügbaren Literatur vorgenommen und eine fundierte Auswahl getroffen, die natürlich diskutiert und kritisiert werden kann. Die Auswahl bzw. Abwahl wurde anhand reliabler und valider Kriterien getroffen und hat unter Berücksichtigung der in der Selbstkritik angeführten Bemerkungen zu einer angemessenen Darstellung der Grundlagen des NLP geführt.

Weiterhin kann resümiert werden, dass die Prinzipien, die NLP zu Beginn eine Grundlage gegeben haben, eine enge Verknüpfung zur anerkannten Wissenschaft haben. NLP beruht somit auf der gleichen Grundlage wie auch andere psychotherapeutischen Modalitäten. Wenn NLP in Übereinstimmung mit den dargestellten Prinzipien angewendet wird, ist NLP eine gleichrangige, kohärente, theoretisch fundierte und eigenständige psychotherapeutische Methode.

Wenn durch weitere Forschung unterstützt, auch ein einheitlicher wissensfundierter Kodex für die Vermittlung und Anwendung dieser psychotherapeutische Methode geschaffen werden könnte, würde NLP sich in der theoretischen und klinischen Psychologie früher oder später als eigenständig positionieren und mehr Anerkennung bekommen.

Mit der Bestrebung, die ausgewählten Daten von einer neutralen Metaposition aus zu analysieren und zu beschreiben, basiert die Struktur und Formulierung dieser Abhandlung natürlich auf der subjektiven Welt des Verfassers, die möglicherweise anders ist als die des Lesers. Ich freue mich auf anregende und konstruktive Diskussionen des NLP.

10.0 Literaturverzeichnis

Bandler, Richard & Grinder, John, 1975 (a)
The Structure of Magic, vol I
Science and Behavior Books, Inc, Palo Alto, CA

Bandler, Richard & Grinder, John, 1975 (b)
Patterns of the Hypnotic Techniques of Milton H. Erickson, M.D.
Meta Publications, Capitola, CA,

Bandler, Richard, Grinder, John & DeLozier, Judith, 1975
Patterns of the Hypnotic Techniques of Milton H. Erickson, M.D., Vol. 2 Meta Publications, Capitola, CA

Bandler, Richard & Grinder, John, 1976
The Structure of Magic, vol II
Science and Behavior Books, Inc, Palo Alto, CA

Bandler, Richard, Grinder, John & Satir, Virginia, 1976
Changing with Families
Science and Behavior Books, Inc, Palo Alto, CA

Bateson, Gregory, 2005
Mentale systemers økologi – skridt til en udvikling
(Kapitel 5 & 6) Akademisk Forlag, København

Bateson, Gregory, 1991
Ånd og Natur
(Kapitel 1 & 2) Rosinante/Munksgaards Forlag, København

Bandura, Albert (Editor), 1971
Psychological modeling – conflicting theories
(pp 1 – 56) Aldine Atherton, Chicago

Bem, Sacha & Looren de Jong, Huib, 2003
Theoretical Issues in Psychology
(pp 41 – 80) SAGE Publications Ltd

Bertelsen, Preben, 2005
Personlighedspsykologi
(p 91) Frydenlund, København

Bovbjerg, Kirsten Marie, 2001
Følsomhedens Etik –
Tilpasning af personligheden i New Age og moderne management
(pp 9 – 279) Forlaget Hovedland, Danmark

Brügger, Niels & Vigsø, Orla, 2002
Strukturalismen
(Kapitel 1 & 3) Roskilde Universitetsforlag

Cawthorne, Nigel, 2006
Vietnam-krigen – nederlag og sejr
(Kapitel 7, 8, 9 & 10) Diorama, Hellerup

Chomsky, Noam, 1972
Language and Mind
(pp 1 – 191) Harcourt Brace Jovanovich, Inc, New York

Chomsky, Noam, 1980
Rules and Representations
(Part I) Basil Blackwell Publisher Ltd, Oxford

Clancy, Frank & Yorkshire, Heidi, 1989 (February/March)
"The Bandler Method"
(pp 1 – 11) Mother Jones Magazine

Dallek, Robert, 2008
Nixon & Kissinger – magtens mænd
(Kapitel 16) Gyldendals Forlag, København

Dilts, Robert, 1983
Roots of Neuro-Linguistic Programming
(pp 14 – 76) Meta Publications, Cupertino, CA

Dilts, Robert & DeLozier, Judith, 2000
Encyclopedia of Systemic
Neuro-Linguistic Programming and NLP New Coding
(pp 82 – 93, 260 – 263, 364 – 372, 508 – 516, 570 – 581, 775 – 815,
1080 – 1083, 1345 – 1347, 1424 – 1446 & 1470 – 1475)
NLP University Press, Scotts Valley, CA

Elsass, Peter, 1993
Sundhedspsykologi
(pp 395 – 412) Gyldendal, København

Foucault, Michel, 2001
Talens forfatning, Nietzsche genealogien, historie
(pp 57 – 82) Hans Reitzels Forlag, København

Freud, Sigmund, 2001
Psykoanalysen i grundtræk
(del II) Det lille Forlag

Freud, Sigmund, 1963
A General Introduction to Psychoanalysis
(pp 21 – 26, 304 – 305) Pocket Books, New York

Gads Psykologi Leksikon, 2007
Gade, Anders, Gads Psykologi Leksikon, 2007
(p 407) Gad's Psychological Encyclopaedia, København

Gordon, David, 1978
Therapeutic Metaphors
(Chapter 3 – 5) Meta Publications, Cupertino, CA

Haley, Jay, 1973
Uncommon Therapy
(Chapter 1 & 2) The Psychiatric Techniques of Milton H. Erickson
M.D. W.W. Norton & Company, Inc., New York

Hansen, Bent, 2001
Kommunikation der skaber lederskab
(Kapitel 5 & 8) Samconsult, Valby

Harré, Rom, 2006
Key Thinkers in Psychology
(Chapter 2, 3 & 6) SAGE Publications Ltd, London

Heede, Dag, 2002
Det tomme menneske – Introduktion til Michel Foucault
(Kapitel 4 & 5) Museum Tusculanums Forlag, Københavns Universitet

Hostrup, Hanne, 1999
Gestaltterapi
(Del I & II) Hans Reitzels Forlag, København

Hougaard, Esben, Diderichsen, Birgitte & Nielsen, Thomas, 2003
Psykoterapiens hovedtraditioner
En indføring i psykoanalytisk, oplevelsesorienteret, kognitiv,
Systemorienteret og integrativ psykoterapi
(Kapitel 1) Psykologisk Forlag, København

Hougaard, Esben, 2006
Psykoterapi – teori og forskning
(Kapitel 2, 3, 5 & 6) Dansk Psykologisk Forlag, København

Jørgensen, Carsten René, 2000 (nr. 18)
Mennesket bag terapien
Psykolog Nyt

Jørgensen, Carsten René, 2001 (nr. 10)
Psykoterapiforskningen
Psykolog Nyt

Karpatschof, Benny & Katzenelson, Boje, 2007
Klassisk og moderne psykologisk teori
(Kapitel 2, 12, 14 & 19) Hans Reitzels Forlag, København

Laustsen, Carsten Bagge & Jesper Myrup, 2006
Magtens tænkere
(Kapitel 15 & 16) Roskilde Universitetsforlag

Metze, Erno & Nystrup, Jørgen, 1984
Samtaletræning – en håndbog i præcis kommunikation
(pp 65 – 92) Munksgaard, København

Mik-Meyer, Nanna & Villadsen, Kasper, 2007
Magtens former
(Kapitel 2 & 5) Hans Reitzels Forlag, København

Miller, George A., 2003 (March)
The cognitive revolution: a historical perspective
(pp 141 – 144) TRENDS in Cognitive Sciences, Vol.7 No.3

Miller, James, 1987
Democracy is in the streets –
From Port Huron to the Siege of Chicago
(Chapter 11 & 12) Simon and Schuster, New York

Nielsen, Geir Høstmark & von der Lippe, Anne Louise, 1996
Psykoterapi med voksne
Fem synsvinkler på teori og praksis
(319 – 330) Hans Reitzels Forlag, København

NLP World Magazine, 1998 (March) (5pp)

Nystrup, Jørgen, 1997
Psykoterapi
(pp 5 – 7 & 66 – 67) PsykiatriFondens Forlag, København

Perls, Frederick, 1978
Gestaltterapiens metode
Munksgaard, Copenhagen

Rosen, Sidney, 1982
My voice will go with you
The teaching tales of Milton H. Erickson
(Chapter 1, 2, 3 & 4) W.W. Norton & Company, Inc., New York

Satir, Virginia, Banmen, John, Gerber, Jane & Gomori, Maria, 1991
The Satir Model – Family Therapy and Beyond
(Chapter 1 – 9) Science and Behavior Books, Inc., Palo Alto, California

Schütz, Peter, Schneider-Sommer, Siegrid, Jelem, Helmut &
Brandstetter-Halberstadt, Yvonne, 2001
NLPt – Theorie und Praxis der Neuro-Linguistischen Psychotherapie
(pp 100 – 155) Junfermann Verlag, Paderborn

Stern, Daniel N., 2003
Spædbarnets interpersonelle verden
(pp 21 – 25) Hans Reitzels Forlag, København

Thorne, B. Michael & Henley, Tracy B., 2001
Connections in the history and systems of psychology
(Chapter 7, 10, 13 & 18) Houghton Mifflin Company, Boston

Wake, Lisa, 2008
Neurolinguistic Psychotherapy
A Postmodern Perspective (Chapter 1, 2, 3, 6 & 9) Routledge, London

Zahavi, Dan, 2004
Fænomenologi
(Kapitel 1 & 2) Roskilde Universitetsforlag

11.0 eMail-Korrespondenz

Für die Recherche wurde per eMail Kontakt zu verschiedenen Autoren aufgenommen. Eine ausgewählte Korrespondenz ist hier dargestellt.

11.1 Noam Chomsky

----- Original Message -----
From: Bent Hansen
To: Noam Chomsky
Sent: Thursday, May 01, 2008 12:13 PM
Subject: Neurolingvistic Programming
I am working with my Master Thesis in Psychology at Copenhagen University, Denmark and my subject is NLP in traditional psychological perspective. I am in particular interested in epistemology, genealogy and theory behind NLP. In this connection I have some questiones, which I would be happy to have your answers upon. NLP pioneers claim that your linguistic research and lectures have inspired their work. Do you know anything about NLP, John Grinder and Richard Bandler and where your work is to be found in their models? Do you still believe that human beings are born with the grammar structure?
Kindly regards
Bent Hansen
Denmark

Re: Neurolingvistic Programming
From: Noam Chomsky
To: Bent Hansen
Wish I could help, but I know next to nothing about NLP. John Grinder was a fine linguist, and knows what he's talking about. There's no serious doubt that humans are genetically programmed for human language. The only serious question is: what is the nature of that genetic endowment (sometimes called UG, Universal Grammar)? NC

11.2 Judith DeLoziere

Re: Neurolingvistic Programming
From: Judith DeLoziere
To: Bent Hansen
Dear Bent
You will find some answers at the bottom to the questions. Hope they help and thanks for you interest and support of NLP. Big cheers Judy

On 4/27/08 4:34 PM, „Bent Hansen" <bent@dansknlp.dk> wrote:
Dear Judith

It's a long time I have not heard from you. I hope your life is as you wish. I am now writing on my final Master Thesis, which is about: NLP – genealogy, epistemology, theory and methodology – seen in the light of traditional psychology. I think you were involved in a seminar in Santa Cruz with Robert Dilts and David Gordon on epistemology and I am curious if you do have some material about the theme, which you would like to share.

This material would be most easily obtained from Robert; it would have been the modeling and epistemology class some years ago. You might check with Teresa at NLPU as well, could be that it was taped and they are still around.

Also I am curious about which persons (heroes) and events, which were brought into the meetings in the early days of NLP and the workshops held in the beginning. Eq. did you discuss the Vietnam War, student political issues, civil rights movement, the musical revolution, drug effects or some other themes, and how were your position to the events? I believe to know that John Grinder for a while was active in the communist movement (was he even chairman?) but did Bandler for instance participate in the youth revolts or demonstrations or any political activities, which he spoke about in the group?

Well I myself was a student in Religious Studies (comparative religion) and Anthropology. I was a working mom with a little son and a university student. John did organize or help organize a road block of traffic on highway 17 and perhaps at Hy. 1 blocking Fort Ord, an army based here locally. As to being a member of the party, well I never heard him say that, but he did say he was

active in the war issue. John was military before this time. Served in Europe but I believe refused to go to Vietnam and thus got out of the military. Was active in peace movement. Drugs were certainly around and we listened to a lot of jazz. As for Richard I have no idea.
Do you know how the relationship between John Grinder and Noam Chomsky was and for how long it lasted and where it took place?

No not really. John went to Rockefeller University for some post graduate work, was contempory with Lakaff and Johnson, I believe who were Noam's students. I think John must have been as well. He may have been the first transformation grammar linguist graduated from USD in San Diego. Somehow I remember this bit of information coming from John.

Was the group aware of other therapeutically modalities like behaviourism, cognitive behavioural therapy and psychoanalyse and so on? If so how did it influence the work in the early days?

They were modeling the excellence of Fritz Perls, Virginia S. and Milton Erickson. So I think they would have read up on other sources, but they were particularly looking to find communication patterns in these people and building models that could be passed on. I am sure they were aware of the other descriptions but were really doing something else from my perspective. They may disagree.
All the best to you Bent

On 5/18/08 5:28 PM, „Bent Hansen" <bent@dansknlp.dk> wrote:
Hi again Judith.
I forgot to ask if you know the article from Feb. /March 1989 called "The Bandler Method" in Mother Jones Magazine. And if so how reliable do you consider the background story of Bandler. There is not very much about childhood and so? Bent

Dear Bent
I do not know the article. Sounds interesting, was it good? Well I can't really speak to how reliable Richard's information would have been. I do believe that it was not the best kind of childhood; according to him on the streets early in life (9 yrs) and some bad step fathers....I thought that Richard did have a street mentality.....and still has probably. He used pretty tough talk and ways.

You know Frank Farley (not sure of the spelling)? He was also very provocative in his approach. I think that many people perceived Richard as provocative. I don't know if we will ever really know the story. Good luck and be well Cheers Judy

On 5/19/08 7:28 AM, „Bent Hansen" <bent@dansknlp.dk> wrote:

Hi Judith and thanks. See: http://www.skilluminati.com/docs/TheBandlerMethod-MotherJones.pdf

Have you thought of existentialism and phenomenology in NLP?

Bent

Hi Bent

Yes I have thought of them both. The sensory base of NLP leads me towards phenomenology and to the existential in the idea that we create meaning and yes, taking responsibility is a part of the package for me. There are connections in my thinking for sure with NLP. Was it in the minds of John and Richard, perhaps? Thanks for your work Judy

On 5/19/08 4:13 PM, „Bent Hansen" <bent@dansknlp.dk> wrote:

Thank you for your reply. Yes it must have been into Richards and Johns considerations – or just swallowed unconsciously - because Perls' assumptions were based on the existentialism. Why he chose Gestalt Therapy as the name instead of Existentialism was that it should fit into American culture. Existentialism had a bad reputation in America at that time because of Satres' flirt with socialism and Nietzsche was considered linked to nazi. Americans should not have been so friendly with the dark sides as the Europeans were.

A. Maslow wrote: "I don't think we need to take too seriously the European existentialist' exclusive harping on dread, on anguish, on despair and the like, for which their only remedy seems to be to keep a stiff upper lip" ("Towards a Psychology of Being, 1968). To choose the name Gestalt sounded very much scientific. Also the methodology, we are using are build upon the individual experiences and we encourage clients to tell their story and consider it as being true from their perspective (more or less as Carl Rogers did and he also inspired Perls!)

Phenomenology created by E. Husserl fits so perfect into the methodology

of NLP. He meant that the "essence" exists in all phenomena, which mean that it is exactly as we experience it with our senses. So reality or the truth – which just don't exist! - is what we sense. So if you change perspective, you change reality – and both meaning and emotions. You probably knew all this in advance, but it gave me the opportunity to repeat my own conclusions. I think it is funny to "reconstruct" the story of NLP and I see a fine connection between all the four heroes and the followers in time. Gregory and Virginia knew each other, Virginia and Perls must have known each other since they practiced at Esalen at the same time Virginia and Milton must have know each other since he was hired by Gregory to work as consultant (first with some films of Margaret Mead from Bali and later to solve the problem with double binds. Did you see Mother Jones Magazine?
Thanks a lot again for giving me your time.
Bent

Thanks and you are correct about the connections and perhaps the unfolding. Virginia and Erickson knew each other, Erickson and Bateson knew each other...on and on. I have enjoyed reading your email. You should also maybe contact Frank Bourke who is working on the NLP research and recognition project. It is the time to do this, and you are an important part of it. I am much more a searcher I think. Cheers and anytime. Judy

12.0 Glossar

12.1 Foucault, Dilts und DeLozier

Michel Foucault hatte den Lehrstuhl für die Geschichte der Denksysteme am Collège de France in Paris inne und gilt als Begründer der Diskursanalyse. Foucault untersuchte, wie Wissen entsteht, Geltung erlangt und damit Macht ausgeübt wird. Seine Analysen befassten sich mit der „Ethnologie unserer Kultur", der „Gegenwartsgeschichte" und der geschichtlichen Entwicklung von „Wahrheit".

Insbesondere untersuchte er die Entstehung der Humanwissenschaften, die Geschichte der Begriffe „Wahnsinn" und „Krankheit" und die Entwicklung der „Medizintechniken. " Dabei erweiterte er den herkömmlichen Machtbegriff und betrachtete Macht in seiner Verflechtung mit Wissen als „produktives Vermögen".

Er ging davon aus, dass gerade der machtvolle Umfang der medizinischen Forschung ein gewaltiges Wissen hervorbringt und dass Macht und Wissen einander unmittelbar bedingen; es gibt keine Machtbeziehung ohne Konstitution eines entsprechenden Wissensfeldes und kein Wissen, das nicht gleichzeitig auch eine Machtbeziehung konstituiert.

Robert Brian Dilts (1955) ist Autor, Trainer und Berater im Bereich des Neurolinguistischen Programmierens (NLP). Robert Dilts gehörte zu der Arbeitsgruppe um John Grinder und Richard Bandler und war maßgeblich an der Weiterentwicklung des NLP beteiligt. Wie die beiden Gründer des NLP lernte er ebenfalls bei Milton H. Erickson und Gregory Bateson, die seine weitere Arbeit prägten. Seine Arbeiten enthalten grundlegende Ansätze und Denkweisen zu Strategien und Glaubenssätzen (Überzeugungen). Des Weiteren kombinierte er die Systemische Therapie mit NLP und entwickelte so das Systemische NLP.

Judith DeLozier ist Anthropologin, Religionswissenschaftlerin und Balletttänzerin. Sie ist Co-Autorin von John Grinders „Turtles all the way down" und Robert Dilts „Encyclopedia of NLP". Sie war als Studentin 1972/73 von Beginn an bei den Arbeitsgruppen dabei und verbrachte 15 Jahre zusammen mit John Grinder. Sie beschrieb die Zeit der Experimente, wie folgt: „Bevor NLP zu seinem Namen kam, sprachen wir von „Studien der subjektiven Erfahrung." Und darum ging es uns: Wir wollten unsere ureigenen Verhaltensmuster finden, die uns als Menschen miteinander verbindet. Mit dem Milton- Modell und dem Meta- Modell lag unser Fokus auf der Sprache und besonders interessierten uns Redewendungen, Sprachbilder, weil sie die rechte und linke Gehirnhälfte miteinander verbinden. Zum Beispiel jemand beschrieb eine problematische Beziehung und sagte: „Mir sind da die Hände gebunden". Also haben wir dem Betroffenen die Hände gebunden, damit er sich befreien kann. Die Art und Weise wie das geschah, wurde wiederum zur Metapher für seine mentale Befreiung aus der problematischen Beziehung." Zitiert aus: Kommunikation & Seminar, Eva Wieprecht: Das Bad im Garten, Heft 6/Dezember 2009, Seite 31, Junfermann-Verlag Paderborn.

12.2 Evidenzbasierte Wissenschaft

Evidenzbasiert bedeutet, dass die Wirksamkeit einer Behandlungsmethode durch gut kontrollierte wissenschaftliche Studien belegt wurde. Als evidenzbasiert gelten ausschließlich randomisierte Doppelblindstudien. Das sind Medikamentenstudien, bei denen die Probanden nach dem Zufallsprinzip in verschiedene Gruppen gelost werden und im Vergleich zu einem wirkungslosen Scheinmedikament getestet werden. Dabei dürfen weder der Arzt noch der Patient darüber informiert sein, ob das Medikament Wirkstoff enthält. Diese Definition der Evidenzbasierung hat zur Folge, dass alle nichtmedikamentösen Behandlungsformen als nicht evidenzbasiert und somit wissenschaftlich fragwürdig einzustufen sind!

Psychotherapie und andere Behandlungen, bei denen der Therapeut wissentlich aktiv tätig ist, gelten damit - unabhängig vom Maß ihrer Wirksamkeit - immer als zweitklassig. Medikamente sind unter dem Deckmantel der Macht einer evidenzbasierten Wissenschaft die bessere Lösung.

12.3 Beck, Kognitive Verhaltenstherapie

Aaron Temkin Beck (* 18. Juli 1921) ist ein US-amerikanischer Psychiater und Psychotherapeut, der als Vater der Kognitiven Verhaltenstherapie gilt. Er ergänzte die klassische Verhaltenstherapie um kognitive Konzepte, die er überwiegend auf die Psychotherapie der Depression anwandte.

Beck unterscheidet bei depressiven Patienten sechs Kategorien der typischen logischen Fehler bei der Informationsverarbeitung.

1. Willkürliches Schlussfolgern: Das sind Schlussfolgerungen, die ohne jeden Beweis und oft sogar trotz gegenteiliger Erfahrungen aus alltäglichen Ereignissen gezogen werden, z. B. „Ich bin ein Versager!"
2. Selektives Verallgemeinern: Das ist die Tendenz, Einzelfakten aus dem Kontext zu nehmen und falsch zu bewerten, wobei andere, bedeutsamere und positive Merkmale der Situation ignoriert werden.
3. Generalisieren: Auf der Grundlage eines oder mehrerer isoliert betrachteter Ereignisse wird eine allgemeine Regel oder Schlussfolgerung gezogen und dann unterschiedslos als Wahrheit für ähnliche oder andere Situationen übertragen.
4. Maximieren und Minimieren: Die Bedeutung oder Tragweite eines Ereignisses wird deutlich unter- oder überschätzt.
5. Personalisieren: Äußere Ereignisse werden extrem auf die eigene Person bezogen, ohne dass es dafür Belege gibt.
6. Verabsolutiertes, dichotomes Denken: Wird auch Schwarz-Weiß-Malerei oder Entweder-Oder-Denken genannt. Alle Erfahrungen werden in zwei sich gegenseitig ausschließende Kategorien eingeordnet. Dazwischen liegende Abstufungen werden nicht mehr wahrgenommen.

Nach Beck haben dysfunktionale Einstellungen ihren Ursprung in der Kindheit und stellen unangemessene Schemata dar. Dadurch kommt es zu einer Verzerrung des Denkens, zu einer einseitigen Sicht der Realität. Durch diese wiederum entstehen automatische Gedanken, die dann das Problemverhalten unterstützen.

Voraussetzung für eine Verhaltenstherapie ist eine Verhaltensanalyse, in der die Entstehungsgeschichte plausibel zu beschreiben ist. Gesucht wird nach den kognitiven Grundannahmen, der Ursache für die automatischen Gedanken, die einer Person aufgrund problematischer Ereignisse durch den Kopf gehen. Dann wird erforscht, bei welchen Ereignissen die automatischen Gedanken auftreten und was genau sie in der jeweiligen Situation ausgelöst hat. Entsprechend eines Reiz-Reaktions-Musters versucht die Analyse zu beschreiben, welche Gefühle, welches Verhalten und welche körperlichen Reaktionen damit in Verbindung stehen. Es wird davon ausgegangen, dass prägende Erlebnisse aus der Kindheit sowohl für die Entstehung als auch für die Aufrechterhaltung der Grundannahmen verantwortlich sind.

In der Kognitiven Verhaltenstherapie sollen die Gedanken inhaltlich so verändert werden, dass sich auch das Erleben, das Fühlen und das Verhalten einer Person verändern kann.

Das soll nach Beck in sechs Schritten erreicht werden:
1. Vorstellung des kognitiven Modells: Der Therapeut erklärt dem Klienten die Zusammenhänge zwischen automatischen Gedanken und den kognitiven Grundannahmen. Man verspricht sich einen größeren Therapieerfolg, wenn der Klient weiß, was der Therapeut mit seinem methodischen Vorgehen beabsichtigt.
2. Aufdeckung und Verstehen der dysfunktionalen Kognitionen: Der Klient wird zur Selbstbeobachtung seines eigenen Verhaltens angehalten. Die Selbstbeobachtung dient der Bewusstwerdung der dysfunktionalen Kognitionen.
3. Infragestellen der dysfunktionalen Kognitionen: Nachdem dem Patienten die Zusammenhänge deutlich wurden, geht es um die Überprüfung der Angemessenheit dieser Schlussfolgerungen. Die Kognitionen werden hinterfragt und nach rationalen Gesichtspunkten überprüft.
4. Reflexion der Kognitionen: Der Klient lernt, seine eigenen Kognitionen und deren Unangemessenheit zu erkennen und lernt, die automatischen Gedanken zu hinterfragen, um diese abzulegen.
5. Entwicklung alternativer Überzeugungen: Durch eine Umstrukturierung der dysfunktionalen Kognitionen werden neue funktionale Gedanken etabliert.
6. Training der funktionalen Kognitionen: Die neu entwickelten funktionalen Kognitionen werden im Sinne der Stabilisierung trainiert. Das kann mit Rollenspielen beginnen und soll dann in realen Alltagssituationen umgesetzt werden.

12.4 Verhaltenstherapie, Skinner, Watson, Thorndike und Tolman

Skinner wurde 2002 zum bedeutendsten Psychologen des 20. Jahrhunderts gewählt. Er prägte den Begriff „operante Konditionierung" (Lernen am Erfolg) und gilt als Vater des Behaviorismus und der Verhaltentherapie.

Er leitete seine Theorie in erster Linie aus zahlreichen Lernexperimenten mit Tieren ab. Seine Versuchstiere wurden in spezielle Käfige (Skinner-Box) gesetzt, in der mindestens ein Hebel hineinragte und die Lernerfolge der Tiere aufzeichnete. Er entdeckte, dass die Häufigkeit der Hebeldrücke seiner Ratten nicht allein von vorhergehenden Reizen (Stimuli) abhängig waren (wie dies Watson und Pawlow betont hatten), sondern vor allem von Reizen, die erst nach einem Hebeldruck folgten.

Damit zeigte er, dass Umwelteinflüsse, also die auf eine Reaktion folgenden Konsequenzen (z. B. Futterbelohnung) das Geschehen beeinflussten. Den Vorgang, in dessen Verlauf das erlernte Verhalten erzeugt wird, bezeichnete er in Abgrenzung zur „klassischen Konditionierung" als „operante Konditionierung."

Die klassische Konditionierung wurde zuerst von Iwan Petrowitsch Pawlow erforscht. Er entdeckte bei seinen Versuchshunden die Existenz einer bereits vorhandenen Abfolge von Reiz und Reaktionsketten. Auf das Riechen von Nahrung (unbedingter Reiz) setzt als natürliche Reaktion Speichelfluss (unbedingter Reflex) ein. Wird parallel zum gewöhnlichen Auslösereiz stets ein andersartiger neutraler Reiz (z. B. ein Glockenton als bedingter Reiz) wahrgenommen, führt dies zu dem Ergebnis, dass nach erfolgreicher Konditionierung auch beim Ertönen der Glocke der Speichelfluss (bedingter Reflex) einsetzt.

Im Unterschied zur klassischen Konditionierung wird bei der operanten Konditionierung das Verhalten durch die auf das Verhalten folgende Konsequenz gemindert oder gefördert.

Die Varianten der Konditionierung werden mit folgenden Formeln beschrieben:

S – R (Stimulus - Response; Reiz - Reaktion)
S – R – C (hinzu kommt die Consequence= Konsequenz), wobei „C" in jedem Fall auf „R" zurückwirkt und unterschiedlich ausfallen kann. Entweder positiv C+, negativ C-, neutral C0 oder in Form des Aufhörens einer positiven Konsequenz C+/nicht bzw. des Aufhörens einer negativen Konsequenz C-/nicht.

Aufbauend auf Thorndike und insbesondere auf Watson, übertrug Skinner die am Tiermodell gewonnenen Erkenntnisse auf den Menschen. Er entwickelte lerntheoretische Erwägungen, beispielsweise komplexeren Lernstoff in kleine Untereinheiten zu zerlegen und deren korrekte Wiedergabe zu belohnen.

Edward Lee Thorndike (1874 - 1949) wurde mit John B. Watson zu einem der Begründer der instrumentellen Konditionierung und des Behaviorismus. Seine Theorie führte zu Gesetzen der Lerntheorie. Er fand heraus, dass Katzen durch Versuch und Irrtum lernen und dass diese in weiteren Lerndurchgängen ihre anscheinend gelernten Verhaltensweisen in immer kürzerer Zeit einsetzten.

In seiner Lerntheorie formulierte er (1898) drei Gesetzmäßigkeiten:
1. Law of effect: Gesetz der (Aus-)Wirkung: Folgt in einer Situation auf eine bestimmte Reaktion eine befriedigende Konsequenz (Belohnung), dann wird die Assoziation zwischen der Situation (den anwesenden Reizen / Stimuli) und der Reaktion gefestigt. In einer erneuten oder einer ähnlichen Reizsituation wird das Versuchssubjekt die Reaktion mit einer größeren Wahrscheinlichkeit als zuvor zeigen. Umgekehrt sinkt die Auftretenswahrscheinlichkeit des Verhaltens bei zuvor negativ (aversiv) erlebten Konsequenzen.
2. Law of readiness: Gesetz der Bereitschaft: Verschiedene Reaktionen werden verknüpft, um ein spezifisches Ziel zu erreichen.
3. Law of exercise: Gesetz der Übung: Man kann sich den Lernstoff eher einprägen, je öfter eine Lernaufgabe wiederholt wird.

John Broadus Watson (1878 – 1958) war Professor für experimentelle und vergleichende Psychologie. Er übertrug das Pawlowsche Reiz-Reaktions-Modell der Verhaltenssteuerung (der klassischen Konditionierung) von den Tierversuchen auf die Psychologie des Menschen.

Er meinte, dass jedes Verhalten auf Reiz-Reaktionsverknüpfung beruht und präsentierte 1920 das Little-Albert-Experiment. Analog kombinierte er den neutralen Reiz einer weißen Ratte mit dem unbedingten Reflex des Erschreckens. Sobald der kleine Albert die weiße Ratte (neutraler Reiz) berührte, ertönte stets ein seine Angst erregender lauter Hammerschlag gegen ein Blech (Erschrecken als unbedingter Reflex). In der Folge entstand der bedingte Reflex des Erschreckens - auch ohne Hammerschlag und Lärm - schon beim Anblick der weißen Ratte.

Edward Chace Tolman (1886 -1959) war US-amerikanischer Psychologe, der den Neobehaviorismus begründete. Er untersuchte die behavioristischen Methoden in Bezug auf „mentale" Abläufe und lieferte Aussagen zu inneren kognitiven Prozessen. Er führte als innere Variable die Organismusvariable zwischen den Umweltreizen (Stimulus) und dem Verhalten des Organismus (Response) ein. Dadurch wurden gedankliche innere Vorgänge zu intervenierenden Variablen.

Ende der 70er Jahre erlebte ich die Faszination dieses klassischen verhaltenstherapeutischen Funktionalismus in seiner praktischen Umsetzung. Als Zivildienstleistender in einer Einrichtung für geistig behinderte Menschen war ich in einem Team von Psychologen und Pädagogen integriert. Gemeinsam versuchten wir, die uns anvertrauten Menschen entsprechend gesellschaftlicher Normen - auf eine mehr oder minder liebevolle Weise- zu konditionieren. Neben faszinierenden Erfolgen wurden auch sehr schnell die Grenzen des Möglichen deutlich und ethische Fragen mussten diskutiert werden. Das menschliche Verhalten wird durch mehr Determinanten bestimmt als durch Reiz-Reaktionsketten.

Skinners Methode wird heute in Sprachlernsoftware oder in Computerspielen genutzt. In Letzteren wird das Lernen am Erfolg so gesteuert, dass über das Erreichen höherer Spielebenen (Levels) eine bis zu süchtig machende operante Konditionierung stattfinden kann.

In Verbindung mit submodalen Techniken des NLP können beide Arten der Konditionierung selbst bestimmt und gezielt angewandt und beispielsweise zur Neukonditionierung gesundheitsförderlicher Reiz-Reaktionsmuster genutzt werden. In meiner Dissertation habe ich gezeigt, wie dies bei allergischen Reaktionen möglich ist. Gesunde Reiz-Reaktionsketten können erlernt werden, die weit über die Wirkung eines Placeboeffektes hinausgehen.

Vertiefende Informationen über die spezielle Anwendung im Gesundheitsbereich finden Sie unter:
www.psycho-allergologie.de
www.herzmitverstand.de
www.krebstherapie-media.de und
www.hildesheimer-gesundheitstraining.de.
www.dvnlp.de/Fachgruppe Gesundheit

12.5 Funktionalismus, Positivismus und Darwin

Funktionalismus: Im Funktionalismus wird die These vertreten, dass es sich bei mentalen Zuständen um funktionale Zustände handelt. Ein funktionaler Zustand wird dadurch definiert, dass auf einen bestimmten Input ein bestimmter Output folgt und dadurch wiederum ein Übergang in einen anderen funktionalen Zustand entsteht. Z.B. in einen Coca-Cola-Automaten wird eine Münze gesteckt und eine Coladose kommt heraus. Im Funktionalismus sind auch mentale Zustände in einer solchen Weise definierbar.

Positivismus: Für den Positivismus gilt das Exaktheitsideal der Naturwissenschaften. Alles, was nicht beobachtbar und durch wissenschaftliche Experimente erfassbar ist, wird abgelehnt. J. Locke und D. Hume begannen die menschliche Erkenntnis auf induktiv verfahrende Wissenschaften zu gründen, und können als Vorläufer des Positivismus angesehen werden.

Charles Robert Darwin (1809 -1882) war britischer Naturforscher, der die Evolutionstheorie begründete. Er erklärte die Entwicklung aller Organismen und ihre Aufspaltung in verschiedene Arten durch die Anpassung an den Lebensraum durch Variation und natürliche Selektion.

12.6 Freud und Jung

Freud unterschied das Bewusste, das Vorbewusste und das Unbewusste und entwickelte eine Theorie, wie diese drei Bereiche zusammenwirken. Er sprach vom vorbewussten und unbewussten System, die sowohl miteinander wie auch gegeneinander wirken und dabei zu Kompromissen kommen. Das Bewusstsein ist für Freud kein wirksames psychisches System, sondern eine punktuelle Instanz. Eine Art Taschenlampe, mit der man in das Vorbewusste und Unbewusste hineinleuchten kann.

Mit dieser für die Einschätzung des Bewusstseins vernichtenden Sichtweise hat er sich viele Feinde gemacht. Freud hat in seiner Entwicklung vier weitgehend neue Versionen seiner Theorie vorgestellt und weiterentwickelt. In seinem Artikel: „Das Ich und das Es" (1923) entwickelte Freud seine bekannt gewordene Instanzenlehre. Diese besteht in den Wirkstrukturen des „Es", des „Ich" und des „Über-Ich".

Vereinfacht dargestellt setzt er das „Es" überwiegend mit dem Unbewussten gleich. Das „Es" bildet das triebhafte Element der Psyche und kennt weder Negation noch Zeit oder Widerspruch. Dort ist der Ort der Bedürfnisse und Affekte wie Hass oder Liebe. Auch diese werden weitgehend unbewusst und unwillentlich von uns wahrgenommen, entziehen sich einer vorbewussten und bewussten Steuerung, bestimmen aber weite Teile unserer Handlungen.

Das „Ich" bezeichnet jene psychische Instanz, die mittels des selbstkritischen Denkens Kompromisse zwischen „Es", den Anforderungen unserer äußeren Umwelt aber auch den Ansprüchen des „Über-Ich" herzustellen sucht. Das „Ich" ist die Instanz, die dafür sorgt, dass wir unser Leben kompromissvoll und ressourcevoll meistern.

Das „Über-Ich" bezeichnet jene psychische Struktur, in der die aus der erzieherischen Erfahrung verinnerlichten Handlungsnormen, Ich-Ideale, Rollenanforderungen und Weltbilder internalisiert werden. Nach Freud entsteht ein Großteil der Motivation menschlichen Verhaltens aus dem unbewussten Konflikt zwischen den triebhaften Impulsen des „Es" und dem streng bewertenden „Über-Ich".

Carl Gustav Jung (1875-1961) brachte die Begriffe Komplex und Persönlichkeitsstruktur in die psychoanalytische Diskussion. Ein Komplex ist eine Konstellation von Gefühlen, Gedanken, Wahrnehmungen und Erinnerungen, die sich um einen bestimmten bedeutsamen Zusammenhang gesammelt haben und mit dem Kern des Komplexes assoziiert sind. Nach Jung können verdrängte Komplexe im Bewusstsein als „Affekt" erscheinen. Dadurch, dass die Komplexe dem Bewusstsein entzogen sind, können sie bewusste Handlungsabsichten stören. Wenn sie nach außen gekehrt ausgelebt und als menschliche Grundstrukturen bildhaft in Szene gesetzt werden, spricht man von Archetypen. Archetypen basieren immer auf der Zweiheit von Bild und Gegenbild: Führer und Geführter, Herr und Knecht, Teufel und Engel usw. Komplex und Archetypus stellen eine Zweiheit von Ausleben und Unterdrücken dar, fallen aber letztlich in Eins.

Vereinfachend zusammengefasst kann man sagen, dass die Psychoanalyse - gleich welcher Richtung – nach den Sinnstrukturen im Verhalten und Erleben sucht. Der Sinn ist das, was Erleben und Verhalten zu einem zusammengefügten Etwas macht. Die Störung der Sinnstruktur führt zu Neurosen. Die psychoanalytische Therapie zielt darauf, den verloren gegangenen Sinn wieder herzustellen. Sinnverständnis führt zu Veränderung in der Struktur der psychischen Systeme und soll dadurch zu mehr Selbstintegration, Liebes – und Arbeitsfähigkeit führen.

12.7 Neuro-Linguistische Psychotherapie (NLPt)

Die Österreicher Dr. Helmut Jelem und Mag. Peter Schütz schufen 1995 den Begriff Neuro- Linguistische Psychotherapie (NLPt) und luden therapieinteressierte NLP- Anwender zu einem Gründungstreffen für einen Psychotherapieverband in Wien ein. Ziel war es, in einer europäischen Arbeitsgruppe eine wissenschaftlich, fachlich fundierte, eigenständige Neuro- Linguistische Psychotherapie zu entwickeln.

Die „European Association for Neuro Linguistic Psychotherapy" (EANLPt; www.eanlpt.com) wurde gegründet. Seitdem finden 2 x jährlich internationale Arbeitstreffen statt und mittlerweile sind 18 Nationen vertreten. NLPt ist im Europäischen Dachverband für Psychotherapie „European Association of Psychotherapy" (EAP; www.europsyche.org) als Psychotherapiemethode vertreten und in Italien und Österreich bereits staatlich anerkannt.

12.8 Wissenschaftskritik, Phänomenalismus und Existentialismus

Max Wertheimer (1880-1943) kritisierte 1924, dass die Wissenschaft sich über das Zurückgehen auf kleine Elemente, auf Teile, auf Atome und gesetzliche Beziehungen zwischen solchen Einzelstücken fokussierte. Er bemerkte, dass es Zusammenhänge gibt, bei denen das, was im Ganzen geschieht, sich nicht daraus herleitet, wie die einzelnen Stücke sind und sich zusammensetzen. Vielmehr ist es umgekehrt: Das, was an und in einem Teil dieses Ganzen geschieht, wird im prägnanten Fall bestimmt von inneren Strukturgesetzen dieses Ganzen. Bekannt wurde er durch seine Versuche zur optischen Wahrnehmung und die Herausarbeitung von universellen Ordnungsprinzipien der Wahrnehmung, die so genannten Gestaltgesetze.

Wolfgang Köhler (1887-1967) erforschte das Problemlöseverhalten von Affen und forderte aufgrund seiner Forschungsergebnisse eine radikale Revision der bestehenden Theorien. Ein weiterer früher Vertreter der Gestaltpsychologie war Kurt Koffka.

Kurt Koffkas (1886-1941) Konvergenzhypothese besagt, dass innere und äußere Einflüsse sich gleichermaßen zu einem komplexen Charakter verdichten und ergänzen. In seinen Beiträgen zur Lerntheorie prägte er den Begriff der Gedächtnisspuren und meinte damit eine physiologische Repräsentanz der Lerninhalte im Gehirn. Er beschrieb, wie diese Gedächtnisspuren durch den Prozess des Erinnerns abrufbar sind und durch Wiederholung an Prägnanz gewinnen. Genauso können sie im Prozess des Vergessens allmählich unscharf werden oder verblassen.

Edmund Husserl (1859-1938) gilt als Begründer der klassischen Phänomenologie, mit deren Hilfe er die Philosophie als strenge Wissenschaft zu begründen suchte. Er forderte von der Philosophie, sich vorschneller Weltdeutungen zu enthalten und sich bei der analytischen Betrachtung der Dinge an das zu halten, was dem Bewusstsein unmittelbar (phänomenal) erscheint. Phänomenologie geht von den Phänomenen aus (so wie sie sich dem Betrachter zeigen und was sie ihm bedeuten) und nimmt an, dass das Verhalten stärker von der Art des Erfassens von Erscheinungen (Phänomene) bzw. Erfahrungen bestimmt ist als durch eine physikalisch definierbare ‚Wirklichkeit'. Husserls Phänomenologie geht von der geistigen Anschauung des Wesens der Sachverhalte oder Gegenstände aus und wählt die geistig- intuitive Wesensschau als Methode des Erkennens an anstelle rationaler Erkenntnis.

Phänomenalismus ist die philosophische Lehrmeinung, nach der Gegenstände vom Betrachter nur so erkannt werden können, wie sie uns erscheinen, nicht wie sie an sich sind. Der objektive Phänomenalismus (u.a. Kant, Schopenhauer) betont, dass die Gegenstände der Erfahrung als

Phänomene (Erscheinungen) eines nicht erkennbaren ‚Dinges an sich' zu betrachten sind. Während der extreme Phänomenalismus (u.a. Vaihinger: Die Philosophie des Als Ob, 1911) Gegenstände als reine Bewusstseinsphänomene bzw. subjektive Empfindungen versteht. Das menschliche Erkennen ist demnach auf Phänomene (Erscheinungen) beschränkt und schließt das Erkennen der ‚wahren' Natur der Dinge/ Gegenstände aus. Phänomenalismus ist nicht gleichbedeutend mit Phänomenologie.

Phänomenologie: Erkenntnisgewinnung hat den Ursprung in den unmittelbar gegebenen Erscheinungen. Entsprechend untersuchen Phänomenologen ausschließlich Zusammenhänge zwischen diesen Erscheinungen. In der neuen Phänomenologie wird Erkenntnisgewinn durch eine Wiederentdeckung der unwillkürlichen (unbewussten) Lebenserfahrung erreicht, d.h., durch die Grundlage dessen, was jeder Mensch vortheoretisch an seinem eigenen Leib gespürt hat und wieder spürt. Diese Phänomenologie steht für viele Therapierichtungen häufig als erkenntnistheoretisches Werkzeug im Vordergrund.

In einer phänomenologischen Grundhaltung wird die Erlebniswelt des Menschen, in der Art ihrer Darbietung, als einzig gültige und unmittelbar anzuerkennende Wirklichkeit ernst genommen. Der Maßstab ist das subjektive Erleben des Klienten. Daher werden seine Schlussfolgerungen, Überzeugungen und Lebenseinstellungen immer wieder im konkreten Erfahrungsbereich überprüft. Statt Spekulationen über die Vergangenheit oder Zukunft zu bearbeiten, wird das Erleben im Hier und Jetzt erfahrbar überprüft. Der Klient wird mit seinen Erfahrungen in seiner Autonomie geachtet und mit seinen eigenen Begriffen empathisch begleitet.

Friedrich Wilhelm Nietzsche (1844 -1900) gilt als moderner und postmoderner Philosoph, Dichter und klassischer Philologe. Er stellte in vielen Schriften den Wert der Wahrheit überhaupt in Frage.

Martin Heidegger (1989-1976)war deutscher Philosoph, der die Werke bedeutender Philosophen untersuchte und deren „unbedachten" Voraussetzungen und Vorurteile aufdeckte.

Jean-Paul Sartre (1905-1980) war französischer Schriftsteller, Philosoph und mit seinen Romanen Hauptvertreter des Existentialismus.

Existenzialismus: Kernaussage ist, dass der Mensch durch den Zufall seiner Geburt in die Existenz „geworfen" wird und aktiv selbst versuchen muss, dem Leben einen Sinn zu geben.

Søren Aabye Kierkegaard (1813 - 1855) war dänischer Philosoph, Theologe und religiöser Schriftsteller. Er wird als der geistige Wegbereiter der Existenzphilosophie aufgefasst. Er sagte: „Es kommt darauf an, meine Bestimmung zu verstehen und zu sehen, was die Gottheit durch mich eigentlich will, das ich tun soll. Es gilt, eine Wahrheit zu finden, welche die Wahrheit für mich ist, und eine Aufgabe zu finden, für die ich leben und sterben will!"

Für Kierkegaard gibt es drei Stufen der Existenz des Menschen: Auf der ursprünglichsten Stufe lebt der Mensch ganz in der Unmittelbarkeit der sinnlichen Empfindung, die Motiv und Ziel seines Handelns ist. Er existiert gänzlich unreflektiert. Im zweiten Stadium erkennt der Mensch diesen verzweifelten Zustand und beginnt, sich ironisch zu sich selbst zu verhalten. Dadurch distanziert er sich von sich selbst und gewinnt einen erhöhten Standpunkt, von dem aus er seine Verzweiflung erkennt und versucht, diese zu überwinden. Im dritten Stadium reflektiert er sein Verhältnis zwischen Körper und Geist. Er verhält sich nun vernünftig und erkennt seine Verantwortung für sich selbst und in der Welt.

12.9 Gestaltpsychologie

Die Gestaltpsychologie wurde langläufig unter dem Leitmotto zusammengefasst: „Das Ganze ist mehr als die Summe seiner Teile!" Korrekt wäre: „Das Ganze ist etwas anderes als die Summe seiner Teile". Diese Auffassung wendet sich gegen die damalige allgemeine Wissenschaftsauffassung, man könne die Psychologie voran bringen, indem man das ‚Seelenleben' in immer kleinere Einheiten zerlegt.

Die Gestaltpsychologie betont den ganzheitlichen Charakter menschlichen Wahrnehmens, Erlebens und Handelns. Die Grundeinheiten des Seelenlebens sind die Gestalten. Zur Veranschaulichung: Eine Melodie lässt sich nicht erfassen, indem ihre Noten isoliert voneinander analysiert werden. Die Melodie bildet eine eigenständige Wahrnehmungseinheit, eine Gestalt.

Die Gestaltpsychologie definierte die folgenden Gestaltgesetze:
Gesetz der Prägnanz: Bevorzugt werden Gestalten wahrgenommen, die sich von anderen durch ein bestimmtes Merkmal abheben (Prägnanztendenz). Jede Figur wird so wahrgenommen, dass sie in einer möglichst einfachen Struktur erscheint (= „Gute Gestalt").

Gesetz der Nähe: Elemente mit geringen Abständen zueinander wer den als zusammengehörig wahrgenommen.
Gesetz der Ähnlichkeit: Einander ähnliche Elemente werden eher als zusammengehörig erlebt als einander unähnliche.
Gesetz der Kontinuität: Reize, die eine Fortsetzung vorangehender Reize zu sein scheinen, werden als zusammengehörig angesehen.
Gesetz der Geschlossenheit: Linien, die eine Fläche umschließen, wer den unter sonst gleichen Umständen leichter als eine Einheit aufgefasst als diejenigen, die sich nicht zusammenschließen.
Gesetz der gemeinsamen Bewegung: Mehrere sich gleichzeitig in eine Richtung bewegende Elemente werden als eine Einheit/Gestalt wahr genommen.
Gesetz der Linie: Linien werden immer so gesehen, als folgten sie dem einfachsten Weg. Kreuzen sich zwei Linien, so gehen wir nicht davon aus, dass der Verlauf der Linien an dieser Stelle einen Knick macht.

Stephen Palmer ergänzte in den 90er Jahren drei weitere Gestaltgesetze:
Gesetz der gemeinsamen Region: Elemente in abgegrenzten Gebieten werden als zusammengehörig empfunden.
Gesetz der Gleichzeitigkeit: Elemente, die sich gleichzeitig verändern, werden als zusammengehörig empfunden.
Gesetz der verbundenen Elemente: Verbundene Elemente werden als ein Objekt empfunden.

Kurt Lewin (1890-1947) wurde bekannt durch seine dynamische Theorie der Persönlichkeit (1935) und seine Feldtheorie (1951). Nach diesen Theorien kann menschliches Verhalten nur als Funktion der individuellen psychologischen Umwelt des Einzelnen gesehen werden. Nach Lewin muss man die Totalität der Lebensereignisse einer Person in ihrer (Er-) Lebenswelt, in der Ganzheit, betrachten.

12.10 Muster in Satirs Arbeit

Die wichtigsten Muster in Virginia Satirs Arbeit sind:

1. Ein lösungsorientierter Fokus auf Gegenwart und Zukunft an stelle eines problemorientierten Fokus auf die Vergangenheit,
2. die Annahme, dass jeder eine positive Absicht verfolgt,
3. der Verzicht auf Schuldzuweisungen, weil destruktives Verhalten eine Folge der mangelnden Gelegenheit zum Erlernen von konstruktiven Verhalten ist,
4. Gleichberechtigung statt Dominanz und Unterwerfung,
5. das Anbieten positiver alternativer Wahlmöglichkeiten statt Bestrafung und Zusatzkonflikte durch gegensätzliche Motivationen,
6. Reframing (Veränderung des Betrachtungswinkels) von Verhaltensweisen und Wahrnehmung,
7. Beharren auf Handlung in Richtung Veränderung statt Worte und Versprechen,
8. Wechsel von Assoziation und Dissoziation,
9. Ausdruckskraft, Gefühle und Wahrnehmungen offenbaren.
10. Humor schafft Dissoziation.
11. Verschiebung des Bezugsindex' - mit den Augen des anderen schauen,
12. Verstärkung positiver Gefühle und Verhaltensweisen und Unterbrechen destruktiver Kommunikation,
13. identifizieren und in Frage stellen einschränkender Glaubenssätze,
14. spezifische verbale Muster und Interaktionsmuster aufdecken, hinter fragen und nutzen,
15. Anwendung von Präsuppositionen, eingebetteten Befehlen und Verknüpfungen,
16. Unterscheidung von Wahrnehmung und Realität,
17. Körperkontakt und die Vermittlung von Sicherheit und Beistand.

12.11 Bateson

Bateson verstand sich selbst als fachübergreifender Denker, Ethnologe, Kybernetiker, Systemiker und Ökologe. Ein Merkmal seiner Herangehensweise war die Verbindung aus lockerem und strengem Denken. Im lockeren Denken folgte er einer eher spekulativen, auf Intuition und Fantasie beruhenden Vorgehensweise. Im strengen Denken dagegen folgte er formalen Analysen und streng logischen Schlussfolgerungen.

Bateson ergänzte die Ethnologie mit klassischen Begriffen wie Struktur und Funktion. In seinen ethnologischen Forschungen sammelte er Beobachtungen und Daten kulturellen Lebens, um diese in vereinzeltes, funktionelles und kulturell standardisiertes Verhalten zu differenzieren. Daraus leitete er Prämissen ab, die dann das Wesenhafte der jeweiligen Kultur in den Begriffen Kulturstruktur (cultural structure) und Sozialstruktur (social structure) darstellten.

Bateson lehnte die Vorstellung ab, dass Menschen als alleiniges Produkt der Kultur oder als reines Produkt ihrer Gene zu verstehen sind. Er verstand den Menschen als ein aus Kultur und genetischer Disposition erwachsendes Wesen.

Batesons Grundbedingung jeder Kommunikation ist die Wahrnehmung und die komplexe situationsinterpretierte Verarbeitung von Informationen. Auf dieser Grundlage funktioniert Kommunikation in der Introspektion des Individuums und zwischen interagierenden Individuen, Gruppen und Kulturen. Nach erfolgter Kodierung erscheint im Individuum eine Interpretation der Nachricht, die dann weiter verarbeitet wird. Dabei betont Bateson, dass Nachrichten und Handlungen nur in Relation zum jeweiligen Kontext interpretiert werden können.

Da diese Interpretation weder in der gesamten Wahrheit noch Ganzheit erfasst werden kann, ist Metakommunikation eine außerordentlich wichtige Säule zur Klärung des gegenseitigen Verständnisses. Widersprüche zwischen Mitteilung und Metamitteilung, so genannte kommunikative Paradoxa, sind Bestandteil vieler Gespräche, Basis für Humor, für Kreativität und können in pathologischer Sicht zu psychischen Krankheiten führen. In diesem Zusammenhang ist Bateson für die Entwicklung der psychologischen Doppelbindungstheorie bekannt. Seine Vermutung, dass Doppelbindungen maßgeblich für die Entstehung von Schizophrenien verantwortlich sind, hielt empirischen Studien jedoch nicht stand.

Gregory Bateson widersprach René Descartes‘ Trennung von Geist und Materie und führte eine kybernetische Begriffsdefinition ein. Geist verarbeitet die Welt der Information und ist die Welt des Unterschieds, weil ein Organismus, der auf einen Nervenimpuls reagiert, nicht primär auf die Energie reagiert, sondern auf den entstandenen Unterschied. Ein geistiger Prozess war für Bateson somit die Wahrnehmung von Unterschieden, Wahrnehmung von Information und Austausch von Informationen.

Bateson spielte in der Entwicklung der Kybernetik eine entscheidende Rolle. Er führte erstmals systemtheoretische und kybernetische Denkansätze in die Sozial- und Humanwissenschaften ein und gilt als geistiger Vater der systemischen Therapie. Die Gründer der Palo-Alto-Gruppe gehörten zu seinen Schülern und John Grinder war zeitweise als Assistent bei ihm tätig.

12.12 Wiener

Norbert Wiener (1894 - 1964) war ein amerikanischer Mathematiker. Er führte 1947 den Begriff „Kybernetik“ ein, um die Ähnlichkeiten und Wechselbeziehungen zwischen Regelungs- und Kommunikationsproblemen in mechanischen Vorrichtungen und den Nervensystemen lebender Wesen zu beschreiben. Damit gilt als Mitbegründer der Kybernetik. Er publizierte 1948 das Werk: “Cybernetics or Control and Communication in the Animal and the Machine”.

Wiener war optimistisch zukünftig mit Hilfe der Kybernetik sowie neuen technischen Möglichkeiten, Steuerungen für Prothesen und Sinnesorgane herstellen zu können. Ein Eingreifen in gesellschaftliche Prozesse hielt er für unrealistisch.

Wiener bemühte sich die Kybernetik mit der Philosophiegeschichte zu verbinden. In seinem populärwissenschaftlichen Buch: „The Human Use of Human Beings - Cybernetics and Society“ beklagte er sich über die gesellschaftlichen Zustände in den USA.

12.13 Banduras „Lernen am Modell“

Andere Bezeichnungen für Modelllernen sind Beobachtungslernen, Imitationslernen, soziales Lernen, Nachahmungslernen, Identifikationslernen,

Rollenlernen und stellvertretendes Lernen. Das „Lernen am Modell“ gilt -nach Entdeckung der Klassischen Konditionierung und der Operanten Konditionierung- als dritte Form des menschlichen Lernens. Hierbei bekommt der Mensch eine aktivere Rolle. Er lernt von Vorbildern und ahmt ihr Verhalten nach, wenn es zu den gewünschten Folgen führt.

Im Originalexperiment von Bandura, auch „Rocky-Experiment“ genannt, wurden vierjährige Kinder einzeln getestet. In drei verschiedene Gruppen eingeteilt sahen sie einen Film über einen Erwachsenen namens „Rocky.“ Dieser zeigte sich im Film sehr aggressiv gegenüber der Puppe „Bobo“. Er schlug, trat und beschimpfte die Puppe. Die Kinder sahen alle diesen Szenen. Nur am Ende unterschieden sich die Filme darin, wie auf Rockys Verhalten reagiert wurde:

- Rockys Verhalten wurde belohnt (Verstärkung),
- Rockys Verhalten wurde bestraft,
- Rockys Verhalten hatte keine Konsequenzen (Kontrollgruppe).

Die Kinder wurden nach dem Film in einen Raum mit Spielsachen geführt, in dem auch die Puppe „Bobo“ lag. Es wurde beobachtet, bei welchen Kindern Rockys Verhalten auftrat und bei welchen nicht.
Rockys Verhalten wurde von vielen Kindern imitiert, als er im Film gelobt wurde. War er zuvor bestraft worden, wurde sein Verhalten nur von wenigen Kindern imitiert. Alle Kinder, denen eine Belohnung (Süßigkeiten) versprochen wurde, falls sie das Gesehene nachspielten, zeigten das im Film gezeigte Verhalten.

12.14 Carnegie „Positives Denken“

An dieser Stelle muss NLP in Abgrenzung zum „Positiven Denken“ betrachtet werden. Dale Carnegie zeigte bereits 1948 in seinem Buch „How to Stop Worrying and Start Living“ (Deutsche Ausgabe: „Sorge dich nicht, lebe!“) auf, dass optimistisches und zielorientiertes Handeln zu mehr Lebenszufriedenheit führt als pessimistisches und problemorientiertes Denken.

Das erklärt einerseits das Phänomen, weshalb dieses Buch mit dem einprägsamen Slogan seit seiner Erscheinung als Dauerbestseller über 50 Millionen Mal verkauft wurde. Andererseits wird gerade durch den negativen Effekt der „Bandura Curve“ deutlich, dass „Positiven Denken“ allein nicht ausreicht.

Im positiven Denken verhaftete Menschen blenden negative, schmerzliche und unerwünschte Wahrheiten aus und wollen diese oft nicht bewusst wahrnehmen. Sie verbieten sich, vorhandene negative Gedanken und Zweifel ernst zu nehmen oder gar zu nutzen. Insbesondere bei finalen Erkrankungen befürchten sie, damit ihre erwünschten Ziele zu behindern und klammern sich krampfhaft an ihre Hoffnung.

Im Vergleich zum „Positiven Denken“ sollen im NLP über die Zielorientierung hinausgehend alle Einwände, widersprüchlichen Anteile, Inkongruenzen und systemischen Aspekte berücksichtigt werden(Öko-check). Nur so können auch die Ängste und Befürchtungen als Ressourcen für lösungsorientierte Handlungen genutzt werden. Historisch betrachtet hat Dale Carnegie einen wichtigen ersten Beitrag für die breite Anerkennung lösungsorientierter Methoden geleistet.

12.15 Miller

George A. Miller (*1920), kognitiver Psychologie mit Lehrstuhl in Havard, verglich in den 50er Jahren viele experimentelle Studien zur Bestimmung der Gedächtnisspanne und der Kapazitätsgrenzen unserer menschlichen Informationsverarbeitung. Probanden sollten sich Zahlen, Wörter, sinnlose Silben, Töne oder eine Geschmacksabstufung merken und anschließend aus dem Gedächtnis wiedergeben bzw. zuordnen.

George A. Miller verglich Ergebnisse dieser Studien und fasste diese in dem Artikel, „The Magical Number Seven, Plus or Minus Two, Some Limits on our Capacity for Processing Information“ (Psychilogical Review Vol 101, No.2, 343-352) zusammen.

Dabei stellte er fest, dass Aufgaben mit einem Umfang von 7 plus/minus 2 Elementen von Probanden gut gemerkt werden konnten, wobei die meisten bei mehr als 7 Elementen scheiterten. Er zog das Fazit, dass es entscheidend ist, die Informationsaufnahmen in entsprechende Gruppen (Chunks) um die 7 Einheiten einzuteilen und so den „Flaschenhals der Informationsaufnahme“ und der Erinnerung zu überwinden.

Beispiel: Nehmen wir an, Sie sind die Versuchsperson und wollen sich Buchstabenreihen mit variierender Länge merken, z.B.

A Q E

J Z O R

F C P X N

R O G L S E

Q I V S T Z I

H N G U I C N K

Q M I X P S A S T

Dann werden Sie vermutlich feststellen, dass Sie irgendwann unsicher werden und nicht mehr alle Buchstaben richtig reproduzieren. Das wird etwa bei

H N G U I C N K

der Fall sein, da hier 8 Buchstaben behalten werden müssen. Entsprechend der Studien der 50er Jahre können die meisten Menschen eine Folge von 7 Buchstaben fehlerfrei im Kurzzeitgedächtnis speichern.
Wenn Sie die 8 Buchstaben, die eben noch an die Grenzen der Aufnahmefähigkeit geführt haben, jedoch einfach anders ordnen:

C H U N K I N G

ist es überhaupt kein Problem, sich diese zu merken. Aus nicht zusammenhängenden Einzelinformationen (Buchstaben) entstand ein Begriff „höherer Ordnung“ (das Wort CHUNKING) und somit eine eigene

Informationseinheit. Der Begriff „Chunk" bezeichnet eine solche Informationseinheit, die mehrere Elemente zu einer einzelnen Bedeutung zusammenfasst. Nach dem gleichen Prinzip können Wörter, Sätze und auch größere Informationseinheiten in Chunks zusammengefasst, gelernt und behalten werden.

Miller belegte anhand der wissenschaftlichen Literatur, dass man sich nicht nur sieben plus/minus zwei Zahlen, Buchstaben oder Wörter, sondern eben auch sieben plus/minus zwei „Chunks" merken kann.

Das T.O.T.E.-Modell wurde 1960 von George A. Miller, Eugene Galanter und Karl Pribram veröffentlicht. T.O.T.E. steht für „Test – Operate – Test – Exit" und ist als Erweiterung des behavioristischen Reiz-Reaktionsschemas ein kybernetisches Modell für die Beschreibung von Verhalten.

Verhalten wird durch Prüf- und Handlungsphasen erklärt: Prüfphasen sind durch Soll-Werte festgelegt, die als angestrebte Zustände gelten. Handlungsphasen sind Aktivitäten, um diese Soll-Werte zu erreichen. Das Schema ist ein Handlungsprogramm mit einem Rückkopplungskreislauf, der sich bis zur Zielerreichung durch Testmessungen am Prozess orientiert und als Test-Operate-Test-Exit- oder T.O.T.E.-Einheit bezeichnet wird.

Der T.O.T.E.-Prozess ist in seiner Verhaltenssequenz vierphasig. Es wird eine intrapersonale Testsequenz (Test) durchlaufen, als deren Ergebnis eine Differenz zwischen dem aktuellen und dem gewünschten Zustand festgestellt wird.

Eine „Operation" (Operate) ist eine Aktivität zur Erreichung des gewünschten Zustandes. Ein erneuter Test auf Abweichungen initiiert bei vorhandener Differenz zum Zielzustand einen neuen Operationsprozess. Dann erfolgt wieder ein Test, der in weiteren Schleifen zu weiteren Operationen führt, bis zwischen gewünschten Zielzustand und aktuellem Zustand keine Differenz mehr feststellbar ist. Dann kommt es zum Verlassen (Exit) der Handlungssequenz.

Ein Reiz, wie er im Reiz-Reaktionsschema als Reaktionsdeterminante bekannt ist, wird damit als externer Input beschrieben, welcher zu einer Inkongruenz zwischen Referenz (SOLL) und aktuellem Zustand (IST) führt.

Die folgende Reaktion führt zu einer Veränderung des IST, wobei der neue Zustand wieder gegen SOLL getestet wird. Bei Erreichen der Kongruenz (Deckungsgleichheit) wird das Reaktionsmuster beendet.

Ein Beispiel ist Händewaschen:
Test: „Die Hände sind schmutzig!"
Operate: „Mit Wasser und Seife die Hände waschen."
Test: „Die Sauberkeit wird geprüft und gegebenenfalls wird weiter gewaschen."
Exit: Die Hände sind sauber und werden in einer nächsten T.O.T.E.-Schleife abgetrocknet bis sie trocken sind.

T.O.T.E. stellt eine Reihenfolge von gezielten Aktivitäten dar, die auch unterhalb der Bewusstseinsschwelle automatisch ablaufen. Im Vergleich zum einfachen behavioristischen Modell der konditionierten Reaktion, kann das T.O.T.E.-Handlungsschema als ein komplexer durch einen Rückkopplungsprozess erweiterter und flexiblerer „Reflexbogen" gesehen werden.

Im NLP werden die ziel- und handlungsorientierten T.O.T.E.- Komponenten unter Beteiligung von Repräsentationssystemen nicht als Reflexbögen, sondern in Form von Strategien beschrieben und analysiert.

12.16 Existenzialismus, Strukturalismus, Konstruktivismus und Kybernetik

Existenzialismus: Kernaussage ist, dass der Mensch durch den Zufall seiner Geburt in die Existenz „geworfen" wird, um dem Leben selbst aktiv einen Sinn zu geben.

Strukturalismus ist eine wissenschaftliche Grundauffassung mit dem Hauptanliegen, unbewusste und universale menschliche Denkprinzipien auf zu decken. In der von Ferdinand de Saussure begründeten strukturalen Linguistik besteht Sprache aus Zeichensystemen, denen eine unbewusste Struktur zugrunde liegt. Claude Lévi-Strauss ergänzte, dass nicht nur die Sprache, sondern auch andere kulturelle Produkte Zeichensysteme seien, bei denen man auch nach den ihnen zugrunde liegenden Strukturen forschen könne.

Der Strukturalismus geht davon aus, dass Phänomene nicht vereinzelt existieren, sondern in Verflechtung mit anderen Phänomenen zusammenhängen. Dadurch bildet sich eine Struktur, die erkennbar sei. Allerdings zeige sich bei genauer Betrachtung, dass die Struktur vom Beobachter in die Wirklichkeit hineingetragen werde und sie unabhängig vom Beobachter nicht existieren kann.

Strukturalisten zerlegen das Gedankliche und setzen es anschließend als Konstruktion wieder zusammen. Dabei geht es um universale menschliche Denkprinzipien, die aber nichtsdestotrotz nichts Subjektives, sondern Objektives darstellen sollen.

Dabei ist für die Strukturalisten, die vom Beobachter mit Sprache konstruierte Struktur der Wirklichkeit das signifikant wichtige Hilfsmittel für die Erkenntnis. Daher geht es dem Strukturalismus weniger um die Inhalte von Aussagen, als um die Struktur dieser philosophischen Aussagen und Systeme.

Konstruktivismus postuliert, dass menschliches Erleben und Lernen Konstruktionsprozessen unterworfen sind, welche durch Sinneswahrnehmungen (neuronale, kognitive und soziale Prozesse) beeinflusst werden. Die zum NLP passende Kernthese besagt, dass Menschen eine individuelle Repräsentation der Welt konstruieren.

Kybernetik beschäftigt sich mit Zusammenhängen (Wirkungsgefügen) in Systemen und zwar unabhängig vom Anwendungsgebiet. So wird eine Abstraktion von Systemen erreicht, wodurch Ähnlichkeiten (Analogien) zwischen den konkreten Fachgebieten identifiziert werden und bekannte Gesetzmäßigkeiten aus einem Bereich in den anderen transferiert werden können.

„Kybernetik ist die Wissenschaft, die sich mit den Gesetzmäßigkeiten der Steuerung, Regelung und Rückkopplung der Informationsübertragung und –verarbeitung in Maschinen, Organismen und Gemeinschaften beschäftigt sowie die Theorie und Technik der Informationsverarbeitungssysteme untersucht“ (Paulik 2005, S. 519).

12.17 Luhmann

Niklas Luhmann (1927 - 1998) war deutscher Soziologe und Gesellschaftstheoretiker, der als Begründer der soziologischen Systemtheorie gilt. Luhmanns „Systemtheorie" versteht Gesellschaft als einen operativ geschlossenen Prozess der Kommunikation und nicht als eine Ansammlung von Menschen. Als Beobachter der Welt können wir nach Luhmann nur das beobachten und identifizieren, was wir beobachten können, und nichts, was darüber hinausgeht.

Seine Systemtheorie thematisiert Kommunikation als selbstreferentielle soziale Operationen. Selbstreferentiell bedeutet, dass sich Systeme auf ihre internen Operationen beziehen und dabei kognitiv offen sind. Die Leitdifferenz eines gesellschaftlichen Funktionssystems bezieht sich immer auf die Unterscheidung von System und Umwelt. Die Leitdifferenzen von gesellschaftlichen Funktionssystemen bezeichnet Luhmann als Codes; z. B. Recht und Unrecht für das Rechtssystem. Die meisten Funktionssysteme orientieren sich an symbolisch generalisierten Kommunikationsmedien, wie die Wirtschaft an Geld.

Luhmanns Systemtheorie basiert auf der Gleichsetzung von Gesellschaft mit Kommunikation. Im NLP wird zwischen persönlichen Strategien im Sinne eines inneren Leitsystems und dem Repräsentationssystem unterschieden.

12.18 Husserl und Heidegger

Für Husserl war es wichtig, sich vorschneller Weltdeutungen zu enthalten und sich bei der analytischen Betrachtung nur an das zu halten, was dem Bewusstsein unmittelbar (phänomenal) erscheint. Damit brach er mit der um 1900 vorherrschenden Meinung, die Gesetze der Logik als Ausdruck psychischer Gegebenheiten sah, wodurch Objektivität prinzipiell unerreichbar war. Nach Husserl kann der Mensch nur auf das reagieren, was er wahrnimmt, und nicht auf das, was er nicht wahrnimmt.

Heidegger war Assistent und Schüler Husserls und begann dessen Konzept, einer absolut gültigen Wesenheit des Bewusstseins abzulehnen. Er postulierte: „Leben ist historisch; keine Zerstückelung in Wesenselemente, sondern Zusammenhang!" Daher gilt es nicht nur die Theorie zu beschreiben, wie Phänomene wahrgenommen werden, sondern auch das Subjekt mit einzubeziehen, d.h. die Person, die diese Phänomene wahrnimmt. Damit wird auch die Person in ihrer Wahrnehmung der Phänomene respektiert.

Im phänomenologischen Verständnis muss nach Heidegger ein hermeneutischer Zirkel durchlaufen werden, damit ein sinnhafter Bezug zur Welt verstanden wird und bei jedem Durchgang ein besseres Verständnis zu Tage gefördert werden kann. Der Einzelne lässt sich nur im Bezug zum Ganzen verstehen, und das Ganze zeigt sich nur am Einzelnen. Der Verständnisvorgang im Durchlaufen dieses Zirkels wird nach Heidegger vom Mensch selbst durch die Frage nach dem Sinn von Sein gestellt. Siehe auch Glossar 12.8!

12.19 Popper, Kuhn und Sozialkonstruktivismus

Karl Raimund Popper war ein österreichisch-britischer Philosoph, der durch seine Arbeit zur Erkenntnis- und Wissenschaftstheorie bekannt wurde. 1934 veröffentlichte er einen Artikel zur Logik der Forschung und machte deutlich, dass empirisch-wissenschaftliche Thesen an der Erfahrung scheitern können müssen. Damit stellte er sich gegen die damals gängige Methodenlehre, nach der die wissenschaftliche Methode das ist, was Wissenschaftler tatsächlich tun. Er führte das Abgrenzungskriterium der Falsifizierbarkeit als rationales, systematisches und objektives, intersubjektiv nachprüfbares Instrument ein.

Falsifizierbarkeit: Eine Aussage ist falsifizierbar, wenn es eine Gegenhypothese gibt und die Aussage widerlegt werden kann, wenn die Gegenhypothese zutrifft. Falsifizierbarkeit ist das Kriterium, welches empirische von nicht-empirischen Aussagen abgrenzen soll.
Hypothesen müssen darauf überprüft werden, ob sie widerlegbar (falsifizierbar) sind. Die Hypothesenformulierung muss die Falsifizierbarkeit zulassen. Werden Hypothesen in der Empirie widerlegt, sind sie zu verwerfen. Eine Hypothese kann grundsätzlich nicht als Wahrheit angenommen (verifiziert) werden, da nicht ausgeschlossen werden kann, dass sie sich unter anderen Gesichtspunkten doch als falsch erweist.

Thomas S. Kuhn vertrat die These, dass Wissenschaftler innerhalb eines akzeptierten Paradigmas, also einer grundlegenden Theorie, an der Lösung von Rätseln arbeiten. Er kritisierte die Konzeption der empirischen Beobachtungssätze, da Falsifikationshypothesen ebenfalls empirisch sind und diese wiederum selbst widerlegt werden können. Kuhn folgerte, dass die kritische Diskussion konkurrierender Theorien nicht sinnvoll sei und glaubt, dass wirkliche Fortschritte in der Wissenschaft erst durch einen Paradigmawechsel beginnen können, wenn die Wissenschaftler innerhalb ihres Paradigmas an Grenzen stoßen. Daher regte er Arbeitstreffen zwischen verschiedenen Fachdisziplinen an.

Nach meiner Auffassung ist die hypothesenprüfende, quantitative Forschung an ihre Grenzen gelangt. Besonders deutlich wurde dies in der bisher wohl weltgrößten Studie überhaupt, die in Deutschland zur Wirksamkeitsprüfung der Akupunktur durchgeführt wurde. Hier wurden nach den oben beschriebenen (Popperschen) Regeln geforscht, aber dann wurde nicht mehr falsifiziert, sondern eher politisch ausgewertet. Zudem wurde das Ergebnis der Studie als evidenzbasiert gefeiert, obwohl gar keine blinde Hypothesenprüfung möglich war.

Im Ergebnis wurde Akupunktur als wirksame Methode in den Leistungskatalog der Krankenkassen aufgenommen, obwohl die zur Validierung bzw. Falsifizierung erhobene Placeboakupunktur die gleichen positiven Ergebnisse wie die wirkliche Akupunktur erzielte. Hier wurde anscheinend ganz „fortschrittlich“ und „sozialkonstruktivistisch“ ausgewertet.
NLP ist aus einem interdisziplinären Austausch entstanden, wie Kuhn ihn fordert, und könnte auch die ideale Grundlage für einen Paradigmawechsel in der Forschung bieten.

12.20 Definition der Psychotherapie und deren Wirkfaktoren nach Grawe

Aus wissenschaftlicher Perspektive der Psychologie ist Psychotherapie die auf wissenschaftlichem Wege gefundene, besondere Form einer kontrollierten menschlichen Beziehung, in welcher der Therapeut jeweils spezifische Bedingungen bereitstellt, damit für einen oder mehrere Patienten eine Veränderung in Richtung einer Verminderung bzw. Heilung von seelischem und/oder körperlichem Leiden ermöglicht werden kann.

Der Wissenschaftliche Beirat für Psychotherapie (WBP), der in Deutschland für Gutachten zur wissenschaftlichen Anerkennung von Psychotherapieverfahren (§ 11 Psychotherapeutengesetz) verantwortlich ist, arbeitet auf Grundlage folgender Definition:

Psychotherapie ist die Behandlung von Individuen auf der Basis einer Einwirkung mit überwiegend psychischen Mitteln. Die Definition wissenschaftlicher Psychotherapie fordert eine Reihe von weiteren Bedingungen, z. B. das Anstreben der positiven Beeinflussung von Störungs- und Leidenszuständen in Richtung auf ein nach Möglichkeit gemeinsam erarbeitetes Ziel (z. B. Symptomminimalisierung und/oder Strukturveränderung der Persönlichkeit) sowie einen geplanten und kontrollierten Behandlungsprozess, der über lehrbare Techniken beschrieben werden kann und sich auf eine Theorie normalen und pathologischen Verhaltens bezieht. Wissenschaftliche Psychotherapie sollte als Heilbehandlung im Rahmen des jeweiligen Gesundheitssystems zu bestimmen sein.

Klaus Grawe hat jahrzehntelange Untersuchungen zur Wirkung und Wirkungsweise von Psychotherapie durchgeführt und in seinem Buch „Psychotherapie im Wandel" auf 886 Seiten die Ergebnisse dargestellt. Aus der Fülle der vorliegenden Forschungsergebnisse hat er vier therapeutische Wirkprinzipien abgeleitet, die nach Grawes Aussage durch hunderte von Einzelergebnissen abgesichert sind.

Die Wirkfaktoren erfolgreicher Psychotherapien sind:

1. Ressourcenaktivierung: Eine Fülle über die verschiedensten Therapieformen und -settings verteilter Forschungsergebnisse weist darauf hin, dass man Patienten besonders gut helfen kann, indem man an ihre positiven Möglichkeiten, Eigenarten, Fähigkeiten und Motivationen anknüpft, indem man die Art der Hilfe so gestaltet, dass der Patient sich in der Therapie auch in seinen Stärken und positiven Seiten erfahren kann.

2. Problemaktualisierung: Das „Prinzip der realen Erfahrung" bedeutet, dass das, was verändert werden soll, in der Therapie real erlebbar sein muss. Oder: „Reden ist Silber, real erfahren ist Gold".

3. Aktive Hilfe zur Problembewältigung: Damit ist gemeint, dass der Therapeut den Patienten mit geeigneten Maßnahmen aktiv darin unterstützt, mit einem bestimmten Problem besser fertig zu werden. Bei der Hilfe zur Problembewältigung wird das, was der Patient als sein Problem erlebt, als solches ernst genommen. Durch Unterstützung mit bereichsspezifischen Maßnahmen, die sich für die Bewältigung dieser Probleme bewährt haben, soll der Patient lernen eben diese Schwierigkeiten selbst zu überwinden oder besser damit fertig zu werden. Für die therapeutische Wirkung ist entscheidend, dass der Patient die reale Erfahrung macht, besser im Sinne seiner Ziele mit der betreffenden Situation zurechtzukommen.

4. Therapeutische Klärung: Unter der Klärungsperspektive geht es darum, dass der Therapeut dem Patienten dabei hilft, sich über die Bedeutungen seines Erlebens und Verhaltens im Hinblick auf seine bewussten und unbewussten Ziele und Werte klarer zu werden. Der Zustand und die Lebenssituation des Patienten werden hierbei nicht unter der Perspektive des Könnens oder Nichtkönnens, sondern hauptsächlich unter dem motivationalen Aspekt betrachtet. Warum empfindet, warum verhält sich der Patient so und nicht anders? Die Explikation von Bedeutungen, das sich über sich selbst klarer werden, das sich besser annehmen können, stellt nicht nur einen empirisch nachgewiesenen therapeutischen Wirkfaktor, sondern auch ein therapeutisches Ziel von eigenem Wert dar.

Nach Grawe ist Psychotherapie dann am wirksamsten, wenn Therapeuten alle Wirkfaktoren in Betracht ziehen und sie, wann immer sich die Möglichkeit dazu bietet, systematisch zu nutzen versuchen. Es geht um Schwerpunktsetzungen und nicht um eine Entscheidung für das eine oder das andere. Für eine optimale Nutzung der Wirkfaktoren ist es entscheidend wichtig, dass die Schwerpunktsetzungen von den Gegebenheiten des jeweiligen Patienten bestimmt werden und nicht von den Vorlieben, Überzeugungen, Abneigungen, Inkompetenzen und blinden Flecken des Therapeuten.

12.21 Submodalitäten

Die Veränderung der submodalen Wahrnehmung bietet ein immenses Potential zur positiven Beeinflussung der Kognitionen und Emotionen, bis hin zur Behandlung von physiologischen Prozessen, wie Allergie, Schmerzen und chronischen Erkrankungen. Submodalitätenveränderung ist eine aus der experimentellen Zeit entstandene eigenständige NLP- Entwicklung mit bedeutendem Entwicklungspotential und Wert für therapeutische Einflussnahme. Siehe auch: Witt, Klaus: Effekte mentaler Allergiebehandlung 1999, Lit-Verlag!

12.22 Inoffizielle Anerkennung

Die Landespsychotherapeutenkammer Baden-Württemberg führte im Jahre 2004 unter den approbierten Kolleginnen und Kollegen eine detaillierte Umfrage durch. Die Quote der Fragebogenrückläufe lag mit 1014 Fragebögen bei 55%. Bei den zusätzlich angewandten Psychotherapieverfahren, die frei genannt werden konnten, wurde NLP in der Häufigkeit vor Transaktionsanalyse und Spieltherapie genannt. (Psychotherapeutenjournal 2/2005, Seite 146)

12.23 Transpersonale Ansätze

Transpersonal bedeutet: das Persönliche überschreitend. Ursprünglich verweist der Begriff auf Perspektiven, die über das Ich und die bewussten Entscheidungsgrundlagen hinausreichen. „Transpersonale Psychologie" gilt als Sammelbegriff für die Beschäftigung mit der Beziehung zur Ganzheit, zum Seinsgrund, zum Religiösen und Spirituellen.

Transpersonelle Fragestellungen sprengen den Rahmen der konventionellen psychotherapeutischen Theorien und Behandlungsmethoden. Dieser Richtung zugeordnet werden u.a. Arbeiten von Ken Wilber, C.G. Jung und Karlfried Graf Dürckheim.

Religiöse Gruppen und/oder Sekten bedienen sich dabei oft transpersonaler Techniken und versuchen so, die Persönlichkeit jenseits der bewussten Ich-Identität zu beeinflussen.

12.24 Selbst verschuldete Kritik

Bandler und Grinder argumentierten in der Denktradition des amerikanischen Pragmatismus: Sie wählten bewusst den Ausdruck „Modell" im Gegensatz zu dem Begriff „Theorie". Ein Modell ist einfach eine Beschreibung, wie etwas funktioniert, ohne Festlegung, warum es so sein mag.

Eine Theorie hat die Aufgabe, eine Rechtfertigung dafür zu liefern, warum verschiedenen Modelle anscheinend mit der Realität übereinstimmen.

Sie verstanden sich als experimentelle Forscher und baten darum, ihre Arbeit nach ihrem Modell zu beurteilen. Ganz nach dem Motto: „Das Nützliche zählt und wer heilt hat Recht", unabhängig davon, ob es wahr oder falsch, richtig oder unrichtig, ästhetisch oder unästhetisch ist. Die Anwender sollten selbst herausfinden, ob es nützlich oder unnütz ist.

Dadurch nahmen sie sich die Freiheit, bestehende Theorien aus Herzenslust zu kritisieren und deren Widersprüche plakativ anzuprangern. In den folgenden Jahren wurde dieses Verhalten von vielen Schülern modelliert, die dabei leider oft nicht die Fachkompetenz besaßen, sich dieses erlauben zu können.

Danksagung von Bent Hansen und Klaus Witt

Wir bedanken uns herzlich bei den auf den folgenden Seiten aufgelisteten NLP-Anwendern und - Ausbildungsinstituten sowie Verbänden. Sie haben durch Ihre Unterstützung zur deutschen Veröffentlichung beigetragen.

Herzlichen Dank

13.0 Sponsoren

13.1 Institutsverzeichnis

Alexander-Training, Heiko Alexander
Sendlinger Straße 26, 80331 München
+49 (0) 89-23 00 01 68, info@alexander-training.de
www.alexander-training.de

Dansk NLP Institut A/S
M.Sc. Psychology, Bent Hansen
Strindbergsvej 12, DK-2500 Valby, Dänemark
+45 70 10 11 70
bent@benthansen.com, www.benthansen.com
nlp@dansknlp.dk, www.dansknlp.dk

ECP-Akademie,
Deutsche Akademie für Psychotherapie
und Beratung GmbH, Dr. Klaus Witt
Baumschulenstraße 23, 22941 Bargteheide
+49 (0) 4532-50 16 53, office@ecp-akademie.de
www.ecp-akademie.de

enoKonzept, Heinz Otto Tulowietzki
Wildgruber Chaussee 1, 03253 Tröbitz
+49 (0) 3532-62 05, info@enokonzept.de
www.enokonzept.de

Institut für Metakommunikation, Dr. Inge Grell & Renate Mentz
Thomas-Müntzer-Weg 13, 07743 Jena
+49 (0) 3641-44 08 99, info@ifm-seminare.de
www.ifm-seminare.de

IT - Institut für Therapie und Beratung
an der HAWK Hildesheim/Holzminden/Göttingen
Prof. Dr. Gerhart Unterberger
Hohnsen 1, 31134 Hildesheim
it@hawk-hhg.de, www.hildesheimer-gesundheitstraining.de

NLP & Coaching Akademie, Nikolai Hotzan
Böckmannsfeld 2, 33739 Bielefeld
+49 (0) 5206-955 11 55, nh@nlp-zentrum.de
www.nlp-zentrum.de

Praxis für Therapie Coaching NLP, Relindis Hasse
Planegger Straße 9a, 81241 München
+49 (0) 89-89 66 44 88, info@therapie-hasse.de
www.therapie-hasse.de

Quensi, Beate Lüdke & Edmund Brzezinski
Westerlandstraße 15, 13189 Berlin
+49 (0) 30-44 30 88 72, nlp@berlin.de
www.quensi.de

TOM ANDREAS, Training-Coaching-Seminare, Tom Andreas
Bismarckstraße 50, 50672 Köln
+49 (0) 221-940 46 80, info@tomandreas.de
www.tomandreas.de

13.2 Trainerverzeichnis

Adelhardt, Wilhelm, Dr.med.
Scheidter Straße 110, 66123 Saarbrücken
+49 (0) 681-960 12 84, wilhelm@medimind.eu
www.nlp-ass.de

Bader, Birgit, Psychologische Psychotherapeutin
Falkenried 83, 20251 Hamburg
+49 (0) 40-45 86 00, info@birgitbader.de
www.birgitbader.de

Ball, Thierry, Balance-Coach
Wilhelm-Roether-Straße 47, 76307 Karlsbad
+49 (0) 173-314 06 74, kontakt@balance-coach.com
www.balance-coach.com

Biró, Gyula, Dr., Psychologischer Psychotherapeut
Kétújfalu u. 221, 1182 HU-Budapest/Ungarn
+36 (0) 20-961 52 26, drgybiro@t-online.hu
www.nlphungaria.hu

Bräuer, Sabine,
CH-Zürich/Schweiz
+41 (0) 78-767 29 89, mail@braeuercoaching.ch
www.braeuercoaching.ch

Cramer, Ino, Diplom Sozialarbeiter
NLP Master, HGT Trainer
+49 (0) 2381-876 32 80, mail@cramer-coaching.de
www.cramer-coaching.de

Ellerbrok-Kubach, Helmut, Dipl.-Volkswirt, HP Psychotherapie
Goethestraße 21, 35582 Wetzlar
+49 (0) 641-984 68 39, helmut@h-ellerbrok.de
www.h-ellerbrok.de

Friedrich, Simina
Glaßstraße 6, 91522 Ansbach
serafim1716@yahoo.co.uk

Gimmler, Klaus-Rüdiger, Dipl.-Psych., Psychologischer Psychotherapeut
Lehrcoach, DVNLP, Privatpraxis für Coaching und Psychotherapie
Eggertweg 14, 22399 Hamburg
+49 (0) 40-606 13 21, krgimmler@aol.com

Hasse, Relindis
Wilhelm-Hey-Straße 13, 81243 München
+49 (0) 89-89 66 44 88, info@therapie-hasse.de
www.therapie-hasse.de

Heinrichmeyer, Gudrun
Dipl.-Psych./Psychologische Psychotherapeutin
Theo Funccius-Straße 16, 58675 Hemer
+49 (0) 2372-24 97, info@nlp-impulse.com
www.nlp-impulse.com

Heß, Bruno, Coach (DVNLP)
Westendstraße 14, 75015 Bretten
+49 (0) 7252-955 70, bhess@hccd.de
www.hccd.de

Höpker, Gerhardt, Dipl.-Soziologe
Praxis für psychologische und soziale Beratung
Brunnenweg 3, 63071 Offenbach
+49 (0) 69-85 23 74, gerhardthoepker@onlinehome.de

Kaßecker, Udo
Nonnensee 71, 97488 Stadtlauringen
+49 (0) 172-583 95 23, udokassecker@vr-web.de
www.kassecker-consulting.de

Klenke, Sabine
Am Herzogenkamp 15, 28359 Bremen
+49 (0) 421-23 06 26, office@silcc.de
www.silcc.de, www.nlp-bremen.de

Kocks, Regina
Rumbachtal 14a, 45470 Mülheim an der Ruhr
+49 (0) 208-388 49 43, info@kocks-coaching.de
www.kocks-coaching.de

Köpke, Bernd, Dipl.-Hdl.
Levystraße 18, 40882 Ratingen
+49 (0) 700-22 26 46 47, bernd.koepke@accognis.de
www.accognis.de

Kopp, Susanne, Dipl. Psych.
Wintringer Straße 12, 66271 Kleinblittersdorf-Saarbrücken
+49 (0) 6805-21 81 33, info@susannekopp.de
www.susannekopp.de

Krauß, Petra
Nordenstraße 49, 60318 Frankfurt
+49 (0) 69-59 14 69/(0)172 692 38 00
petra.krauss@akademie-pontius.de
www.akademie-pontius.de

Kuhlmann, Heike, DVNLP-Lehrtrainerin und Lehrcoach (DCV)
Lerchenweg 1a, 52353 Düren
+49 (0) 2421-970 99 55, info@future-excellence.de
www.future-excellence.de

Moeller Rumpf, Michael, Dipl.Ing., Lic. tech., M.Sc.
Diestelmeyerstraße 3a, 10249 Berlin
+49 (0) 30-42 02 09 31, michael@metapartner.com
www.oneopenspace.net

Mühlbauer, Gabriele, DVNLP Lehrtrainer
Business Trainer INLPTA, Mentaltrainer, Personal Coach
Königsseestraße 11, 86163 Augsburg
+49 (0) 821-650 31 04, info@koehler-training-coaching.de
www.koehler-training-coaching.de

Müller, Andreas Martin, NLP-Lehrtrainer
Hofsteigstraße 56, A-6858 Schwarzach/Österreich
+43 (0) 664-403 72 78, a.mueller@proviel.at
www.proviel.at

Paolino, Vincenzo
Grundweg 1, CH-8103 Unterengstringen/Schweiz
+41 (0) 44-750 35 15, vincenzo.paolino@spectren.ch
www.spectren.ch

Peise, Gerhard, Dr.
Wilhelm-Ziemons-Straße 81, 52078 Aachen
+49 (0) 241-92 85 80, gerhard@peise.com
www.peise.com

Pijl, Ulrike, Dipl.-Ing.
Langereihe 3, 22941 Jersbek
+49 (0) 4532-84 35, ulrike.pijl@arcor.de
www.plan-A-training.de

Pinkert-Schirmer, Kirsten, NLP-Lehrtrainerin
Essenberger Straße 15, 47443 Moers
+49 (0) 2841-555 64, kirsten@pinkert-schirmer.de
www.pinkert-schirmer.de

Rauh, Dirk, Lehrtrainer und Lehrcoach, DVNLP
Gönninger Straße 61, 72770 Reutlingen
+49 (0) 178-347 57 28, info@dirkrauh.de
www.im-pulsderzeit.de

Reber, Michèle Marie, NLP-Focus
Südwestkorso 19, 14197 Berlin
+49 (0) 30-89 74 89 09, info@nlp-focus.de
www.nlp-focus.de

Rosenblatt, Christian
Langendembach 39, 07381 Langenorla
+49 (0) 3647-50 50 10, chris@rosenblaetter.de
www.rosenblaetter.de

Schell, Gary, **Rätzke**, Romina, NLP-Lehrtrainer
Görlitzer Straße 7, 51469 Bergisch Gladbach
+49 (0) 2202-45 96 97, info@diedenkweisen.de
www.diedenkweisen.de

Schober-Stockmann, Jutta
40667 Meerbusch
+49 (0) 2132-137 98 84, j.schober@juttaschober.de
www.juttaschober.de

Schumacher, Eva-Maria
Lenneuferstraße 16, 58119 Hagen
+49 (0) 2334-44 44 15, schumacher@constructif.de
www.lernen-als-weg.de

Schumacher, Stefan, Dr. rer. soc.
Lenneuferstraße 18, 58119 Hagen
coaching@drschumacher.de
www.drschumacher.de

Seeland, Gudrun
Julius-Bangert-Straße 21, 58256 Ennepetal
+49 (0) 2333-60 45 94, info@gudrun-seeland.de
www.gudrun-seeland.de

Tille, Bernhard
Dietrich-Bonhoeffer-Straße 35, 61350 Bad Homburg
+49 (0) 6172-68 99 92, info@nlp-hessen.de
www.nlp-trainings-tille.de

von Lindeiner, Jens, cand. Dipl. Psych.
- jevoli - training & coaching
Marburger Straße 18, 57072 Siegen
+49 (0) 271-31 36 30 03, nlp@jevoli.de
www.jcvoli.de

Weerth, Rupprecht, Dr.
Bockhorststraße 162, 48165 Münster
+49 (0) 2501-92 45 44, info@Weerth.de
www.weerth.de

Wilcke, Ingo, Dr.med.
Georgstraße 46, 30159 Hannover
+49 (0) 511-32 20 17, dr.wilcke@derlungenarzt.de
www.derlungenarzt.de

Witt, Klaus, Dr.
Baumschulenstraße 23, 22941 Bargteheide
+49 (0) 4532-50 16 51, dr@klaus-witt.de
www.klaus-witt.de

Weitere Verlags-Projekte

NLP konkret im Selbstcoaching und Projektmanagement
Herausgeber Birgit Bader
Psymed-Verlag, 240 Seiten, € 19,80

Die Artikel in diesem Buch geben einen Überblick über die Anwendungsmöglichkeiten von NLP-Methoden und NLP-Herangehensweisen in ganz unterschiedlichen Kontexten.

Alle Autoren verbinden NLP-Theorie und Praxis und verstehen es auf ihre ganz eigene Weise, dem interessierten Leser anschaulich zu vermitteln, wie pragmatisch und transparent NLP angewendet werden kann und welche Erfolge dabei zu erwarten sind.

Emotion und Beziehung
Diskussion und Praxis der NLPt
Neuro-Linguistische Psychotherapie
Band I
Autoren Birgit Bader, Martin Haberzettl, Rupprecht Weerth, Klaus-Rüdiger Gimmler,
Dr. Klaus Witt (Herausgeber)
Psymed-Verlag, 206 Seiten, € 19,80

In diesem Diskussionsband werden theoretische Konzepte vorgestellt und diskutiert, die in eine neurolinguistische Psychotherapie einfließen müssen, wenn sich diese am therapeutischen Markt als eigenständige und ressourcenorientierte Methode behaupten will.

Alle Autoren sind aktive Anwender von NLP-Methoden im therapeutischen Bereich.

NLP konkret in der Psychotherapie und im Coaching
Herausgeber Birgit Bader
Psymed-Verlag, 244 Seiten, € 19,80

In diesem Buch wird erneut die Vielfalt von NLP-Anwendungsmöglichkeiten in der Psychotherapie und im Coaching dargestellt. Zudem erfährt der interessierte Leser auch, wie unterschiedlich die NLP-Anwender selbst sein können und welche Arbeitsschritte, Gedanken zum Prozess und Ergebnisse dadurch eingeleitet werden.

Psychische Impfung gegen Allergien

Autor Dr. Klaus Witt
Psymed-Verlag, 200 Seiten, € 22,50

Hier wurde populärwissenschaftlich geschrieben und auch für den Laien leichtverständlich alles dargestellt. Dieses Buch unterscheidet sich deutlich von den schulmedizinischen Allergieratgebern und bietet grundsätzlich andere Möglichkeiten wie die dort propagierte Allergenvermeidung.

Der Leser wird an die sogenannte „Psychische Impfung" herangeführt und kann sich aktiv damit auseinandersetzen. Er bekommt einen Eindruck von der Methode und wird durch die Beantwortung konkreter Fragen angeleitet seine eigenen Möglichkeiten der mentalen Heilung zu entdecken.

Ville und Egon

Autor Dr. Klaus Witt
Psymed-Verlag, 28 Seiten, € 10,80

Dieses Buch zeigt in wunderbarer Weise, wie moderne Erkenntnisse aus Medizin und Psychologie in eine lebendige Geschichte verpackt werden können. Es vermittelt Kindern, dass ein beherzter Umgang mit der Erkrankung hilfreicher ist als ein auswegloser Kampf dagegen. Zudem fördert es Gelassenheit und Selbstvertrauen.

Das Häschen in der Grube

Autorin Nadine Brache
Psymed-Verlag, 96 Seiten, € 12,80

Hier liegt der Öffentlichkeit ein beeindruckend ehrliches, an manchen Stellen schonungsloses, aber immer zutiefst menschliches Bekenntnis einer behinderten jungen Frau vor, deren Kindheit und Jugend geprägt und bestimmt waren von dem Nichtverstehen, der Hilflosigkeit und Gedankenlosigkeit einer Umwelt, die nicht in der Lage war, die Behinderung zu erkennen und zu akzeptieren.

Die junge Frau selber ist es, die unter dem tiefen, fast schon zerstörerischen Leidensdruck ihres Andersseins, auf Spurensuche geht. Diagnose: Asperger-Syndrom.

Louisa und die Windpockenbande

Autoren Hannelore Ebel, Dr. Volker Vetter

Psymed-Verlag, 20 Seiten, € 12,50

Auf unterhaltsame Weise wird hier durch die beiden Autoren Kindern der Umgang mit Windpocken näher gebracht. Das Mädchen Louisa lernt durch die Windpocke Windi das Kommen und Entstehen wie auch das Verschwinden dieser typischen Kinderkrankheit kennen und verstehen. Die Illustrationen von Alf Andersson tun ein Übriges um dieses Buch auf humorvolle Art zu erlesen.

„Ja" zum Leben
Liebevolle Auseinandersetzung mit der eigenen Vergänglichkeit

ISBN 978-3-941903-00-5

PZN 0043736

Herausgeber / Sprecher Dr. Klaus Witt

Musik und Produktion Tim Schulz

2 CDs Psymed-Verlag, € 28,50

Zwei Meditationen bieten die Möglichkeit, sich mit den eigenen Gefühlen auseinanderzusetzen, diese fließen zu lassen und durch die Erfahrung neue Kraft zu schöpfen und zu lebensbejahenden Impulsen zu kommen. Durch äußern von Gedanken, reden über Wünsche und über das Zeigen von Gefühlen kann es helfen, Wahrheit und Schmerz über den Tod in eine neue Lebensqualität zu verwandeln.

Gesund werden
Innere Landschaften/Heilquelle

ISBN 978-3-941903-01-2

PZN 0050587

Herausgeber Dr. Klaus Witt

Sprecher Prof. Dr. Gerhart Unterberger

Musik Klaus Gleixner

2 CDs Psymed-Verlag, € 28,50

Entspannungsmeditationen zur Heilungsförderung. Mit Hilfe dieser Entspannungsmeditationen können Sie Kraft tanken und Ihre Selbstheilungskräfte aktivieren.

Während andere noch fertig sind,
haben wir schon geliefert.
Wir helfen
fachgerecht und kompetent
bei der Veröffentlichung
von Dissertationen,
Diplomarbeiten und Büchern.
psymed-verlag
Psymed-Verlag, Dr. Klaus Witt
Fichtenweg 5, D-22941 Bargteheide
www.psymed-verlag.de eMail: office@psymed-verlag.de